Kompaß-Bücherei · Band 367



Man findet sie am 1. November 1957 tot in ihrem Frankfurter Appartement. Mit einem Nylonstrumpf erwürgt. In ihrem Notizbuch entdeckt die Polizei die Namen vieler Geschäftsleute. Sie alle gehören zu den „Machern" des Wirtschaftswunders in der noch jungen Bundesrepublik Deutschland. Und sie alle hatten mehr oder weniger engen Kontakt zu der leichtlebigen jungen Dame Rosemarie, die Gunst gegen intime Geständnisse gewährte. Wurde sie ermordet, weil sie zuviel wußte?
Nach fast drei Jahrzehnten zeigt sich, daß in der von schweren Korruptionsfällen überschatteten BRD das Buch neue Aktualität gewonnen hat.

Erich Kuby

# Das Mädchen ROSEMARIE

Verlag Neues Leben Berlin

Illustrationen von Hans-Georg Gerasch



ISBN 3-355-00695-5


Lizenz Nr. 303(305/148/88)
LSV 7723
Umschlag: Hans-Georg Gerasch
Typografie: Ingrid Engmann
Schrift: 9p Timeless
Gesamtherstellung: GG Völkerfreundschaft Dresden
Bestell-Nr. 644 475 8
00180

# Vorwort

An einem Tag im November 1957 meldete eine Agentur den Mord an der Frankfurter Prostituierten Rosemarie Nitribitt. In den folgenden Wochen und Monaten brachten Kriminalisten und Reporter Umstände dieses Verbrechens ans Licht, die den Fall bald als den größten Sittenskandal der noch jungen Bundesrepublik erscheinen ließen. Ich war damals Redakteur der „Süddeutschen Zeitung", in welcher ich im November 1957 diese Glosse schrieb:

*Ein Fräulein namens Nitribitt*
*Ob der Hund um die Erde kreist oder die Erde um den Hund, läßt sich nicht entscheiden. Die Weltpresse behauptet beides, und beides mag richtig sein. Daß aber Frankfurt am Main nicht um den Hund kreist, daß Sputnik I aus dem Bewußtsein der Frankfurter verdrängt, Sputnik II kaum dahin gelangt ist, wird niemand bezweifeln, der in den letzten Tagen in Frankfurt gewesen ist, denn Frankfurt kreist um Nitribitt, Rosemarie Nitribitt, jenes bereits zu ihren Lebzeiten in besseren Kreisen an Rhein und Ruhr nicht unbekannte Mädchen, das aber seit seiner Ermordung und durch den Umstand, daß der Mörder oder die Mörderin gesucht wird, in wenigen Tagen zu einer legendären Publizität gelangt ist.*
*Der Name ist nicht erfunden, obwohl er wie die Bezeichnung eines Sprengstoffs klingt. In der Tat würde dieser Sprengstoff mit Vornamen Rosemarie, kurz die blonde Rosi genannt, einen ansehnlichen Teil der westdeutschen Gesellschaft in die Luft sprengen, wenn es außer einer wirtschaftlichen Krise etwas gäbe, was diese Gesellschaft wirklich berühren könnte. Die Klientel des Mädchens setzte sich ausschließlich aus Erfolgsbürgern zusammen, die es dort zu treffen wußte, wo sie ihren harten Geschäften nachgehen: auf Wirtschaftskonferenzen und -tagungen. Die Polizei hat jedoch bereits angedeutet, daß sie auf die soziale Position des erstaunlich weitverzweigten Freundeskreises von Rosemarie insoweit Rücksicht zu nehmen bereit ist, als sie nur höchst ungern die Kartei-*

*blätter und Terminkalender der systematischen Blondine veröffentlichen würde. Vielmehr rechnet sie mit der Einsicht kluger Geschäftsleute, die sich ohne weiteres und diskret der Polizei zur Verfügung stellen werden, um durch den Nachweis, daß sie das Mädchen keineswegs erwürgt haben, mitzuhelfen, herauszufinden, wer es denn getan habe.*
*Der sagenhafte Erfolg der keineswegs besonders attraktiven Person wäre unerklärlich, wenn nicht ein zurückliegendes Vorkommnis einen Fingerzeig böte, worin das eigentlich Nitribittörende von ihr gelegen hat. Bevor sie einen schwarzen Sportwagen fuhr, fuhr sie einen grauen und damit das gleiche Vehikel, das eine Dame des konsularischen Corps von Frankfurt ihr eigen nannte, welche sich daraufhin einer Aufmerksamkeit seitens der Herrenwelt auf den Straßen ausgesetzt sah, welche sie veranlaßte, Schritte zu unternehmen, daß der andere berühmte graue Wagen umgespritzt würde. Nicht wer im Auto fuhr, war es also, der die Herren anzog, sondern das Auto selbst war es. Rosemarie hatte die Zeichen der Zeit verstanden, sie wußte, wie deren Leitbilder aussehen, und hatte sich mit dem Leitbild aller Leitbilder, dem des Erfolgs, ausgedrückt in elegant verkleideten PS, identifiziert. Damit machte sie ihr blühendes Geschäft und nicht mit den Versprechungen irgendwelcher Sexlektionen. Von dem grünäugigen, dunkelhaarigen Typ, mit dem der Maler Stack in seinem berühmten Bild „Die Sünde" den erotischen Wunschtraum der wilhelminischen Zeit verewigt hat, war nichts, aber auch gar nichts an ihr. Ihre unüberbietbare Trivialität verwandelte sich durch 100 PS, mit denen sich das schnelle Mädchen vorwärtsbewegte, in den windschnittigen, nicht weniger trivialen Charme unserer Zeit. Die Erfolgsbürger fühlten sich von der Dame mit dem schwarzen SL in der Untiefe ihres Wesens verstanden. Ihre Ermordung paßt ebensowenig ins Wirtschaftswunderbild wie die Serien von Herzinfarkten, so scheint es, aber vielleicht trügt eben dieser Schein von Harmlosigkeit, den das Leitbild der Nitribitten zu erwecken sucht.*

Vier Wochen später saß ich in Stuttgart mit einigen Leuten vom Film zusammen, unter ihnen der Produzent Luggi Waldleitner und die Schauspielerin Nadja Tiller. Ihn konnte ich davon überzeugen, daß ein sozialkritischer Film über den Mordfall Nitribitt mehr Publikum interessieren würde als die gängigen Heimatschnulzen; ihr sagte ich, daß sie die ideale Besetzung für die Rolle der Rosemarie N. sei. Der Film wurde, unter der Regie von Rolf Thiele, gedreht und wurde ein schier unglaublicher Erfolg. Er konnte sogar beim Film-Festival in Venedig gezeigt werden, obwohl Bonner Politiker versucht hatten, dies zu verhindern. Die mitwirkenden Schauspieler (Nadja Tiller, Peter van Eyck, Gert Fröbe, Mario Adorf, Karin Baal, Carl Raddatz, Hanne Wieder, Horst Frank, Helen Vita, Hubert von Meyerinck) wurden berühmt.

Ich hatte das Drehbuch geschrieben. Einen Urlaub auf Elba nutzte ich, um über den „Fall“ das vorliegende Buch zu machen – in Anlehnung an den Film zwar, aber noch ferner dem Faktischen jener Realität, die Polizisten und Journalisten vom Leben und Tod des Mädchens Rosemarie N. recherchiert hatten. Mein Buch „Rosemarie – Des deutschen Wunders liebstes Kind“ sollte ein Reflex auf den Zeitgeist sein, der sich an dem konkreten Fall eher zufällig enthüllt hatte.

Binnen zweier Jahre war „Rosemarie“ in 17 Sprachen übersetzt, sogar ins Japanische. Auch in den östlich-kommunistischen Staaten waren Film und Buch erfolgreich. In den Medien der Bundesrepublik galt ich hingegen für viele Jahre als der windige Geselle, der mit einer Hure reich geworden war. Bis zum Frühjahr 1985, als der Verlag wegen eines Neudrucks anfragte, hatte ich keinen Blick mehr in das Buch geworfen, ja ich besaß nicht einmal mehr die ursprüngliche hardcover-Ausgabe. Nun, da ich hineinschauen mußte, las ich es wie ein Fremder. Es gefiel mir. Und ich war überrascht, wie die Welt der Rosemarie N. jener gleicht, in der Minister wg. Flick vor Gericht müssen. Die Herren ihres Lebens und Todes sind noch immer unter, besser gesagt: über uns.

Venedig, im Juni 1985 — Erich Kuby

# Aus dem Vorwort von 1958

Rosemarie Nitribitt wurde im Spätherbst 1957 in Frankfurt ermordet. Man hat sie so tief verstummen lassen, daß nicht einmal ihr Tod für ihr Leben sprechen durfte. Seine Umstände blieben ungeklärt.
Dennoch ist sie eine Person des öffentlichen Interesses und, was mehr bedeutet, sogar des öffentlichen Bewußtseins geworden. In den Monaten nach ihrer Ermordung beschäftigte sich die öffentliche Meinung mit diesem Mädchen mehr als mit irgendeiner anderen Person von allgemeiner Bemerktheit. Dennoch hat sich kaum jemand die Mühe gemacht, ein Bild der Ermordeten zu rekonstruieren. Auch die Kriminalstory, die natürlich in einem Mordfall enthalten ist, fand nur geringes Interesse. Es sind die gesellschaftlichen Bezüge; es ist die Tatsache, daß der Kundenkreis dieses Mädchens aus der Oberschicht unserer industriellen Gesellschaft stammte; es ist das enorme Einkommen, das Rosemarie in der letzten Phase ihres Lebens hatte – diese Umstände lösten die publizistische Lawine aus. Hier brach ein Damm aus Geld, aus viel Geld, der normalerweise die Schicht der wenigen, in der Rosemarie tätig war, vor den Augen der vielen verbirgt. Die nach der Ermordung bekannt gewordenen, unbestreitbaren und unbestrittenen Tatsachen, von denen man jetzt so tut, als wären sie böswillige Erfindungen, haben eine gesellschaftliche Ruinenlandschaft erkennen lassen.
In jedem anderen, weniger betulichen, weniger von Heuchelei wie von Schimmel überzogenen Lande wäre es im Winter 1957/58 zu einem gesellschaftlich-politischen Skandal gekommen. Er hängt noch in der Luft, solange ein Täter nicht gefunden, eine gerichtliche Klärung nicht herbeigeführt ist, aber er bleibt dort wohl hängen, denn bei uns stehen sogar die Hüter einer als christlich ausgegebenen Ordnung innerlich vor denjenigen stramm, die in Rosemaries Gegenwart

als deren Kunden vermutlich nicht gar so stramm gewesen sind, wie sie sich öffentlich geben.
Nun legen wir dieses Buch vor, damit jenes Land nicht so blamabel stumm bleibe, das die Rosemaries in zehn Jahren hervorgebracht hat als des deutschen Wunders liebste Kinder. Die Geschichte einen Roman zu nennen, nur deshalb, weil sie im einzelnen durchaus erfunden ist, wäre wohl verfehlt; nicht nur, weil das Buch den Begriff, literarisch genommen, nicht zu füllen vermag, sondern auch, damit es sich niemand zu leicht mache und sage: Das ist ja nur ein Roman. Es gibt eine höhere Art von Wirklichkeit über dem Individuellen und Zufälligen; um Übereinstimmung mit ihr ist dieses Buch bemüht.
Es mag Ärgernis erregen, aber es ist nicht selber das Ärgernis. Der Überbringer unerfreulicher Nachrichten ist nicht ihr Urheber. Bevor also einer Geschrei erhebt, möge er sich die einfache und schlagende Tatsache vor Augen führen, daß nicht eine Romanfigur, sondern ein Mädchen ermordet wurde mit Namen Rosemarie, das im Frankfurter Telefonbuch von 1957 steht. Es wurde von der Welt, die wir meinen, ausgehalten. Glänzend ausgehalten. Warum? Nach einer Antwort auf diese Frage sucht dieses Buch.

E. K.

Das Zimmer war blau, blau in der Hauptsache, Teppiche und Wandbespannungen waren blau, Holzwerk und Türen cremefarben, und als Schmitt, der als letzter eintrat, das Moos dieses uferlosen blauen Plüschs unter den Sohlen seiner italienischen Schuhe spürte, hielt er an, beugte sich hinab und berührte das Textil zärtlich.
Das Zimmer war wirklich blau und fast ein Saal. Im Verzeichnis der Räumlichkeiten des Palasthotels hieß es das Blaue Konferenzzimmer. Ein ovaler Tisch, blau verhangen, war von zwanzig blauen bequemen Stühlen umsäumt. Bei den Sitzungen des „Isoliermattenkartells" waren nie mehr als acht besetzt. So viele Mitglieder hatte das Kartell. Das heißt, eigentlich waren es nur sieben, Ministerialdirektor Hoff vertrat die Regierung. Die Herren pflegten zu ihren Zusammenkünften regelmäßig und pünktlich zu erscheinen. Es war ihnen wichtig. Sie hatten sich da auf eine große Sache eingelassen. Keiner von den sieben Industriellen, heilige Zahl, Hartog sprach es sogar einmal aus, keiner produzierte Isoliermatten, nur Herr v. Killenschiff besaß neben seinen Werken in Zonst irgendwo auch eine Fabrik für Glaswolle. Das Wort Isoliermattenkartell war Bruster eingefallen, als sie in ihrer ersten Sitzung nach einer Tarnbezeichnung suchten. Man brauchte ein handliches Wort zur Verständigung und für die Akten. Sie hatten es mit Gelächter angenommen. Diese Auguren lächelten sich nicht mehr zu, sie wieherten miteinander, wo jene nur lächelten.
„Was treiben Sie denn da?" fragte Bruster den Alleininhaber der chemischen Werke Mallenwurf & Erkelenz, der noch immer den Teppich streichelte.
„Ich staune", sagte Schmitt und setzte sich an den Tisch, „die haben hier wirklich fabelhaftes Personal. Vor drei Jahren haben sie das Hotel renoviert, muß ich ja wissen, wohnte damals wochenlang hier, es war schauderhaft, aber der Tep-

pich sieht aus, als hätten sie ihn gestern gelegt. Bei mir zu Hause verbrauchen sie einen Perser, der zweihundert Jahre lang wie neu war, in einem Jahr mit dem Staubsauger. Meinen Sie, man könnte den Mädchen beibringen, mit der Bürste nicht aufzudrücken? Sie lernen es nicht."
„Natürlich nicht", sagte Hartog, „wenn sie mit Maschinen umgehen könnten, würden die Hausmädchen keine Hausmädchen, sondern Arbeiterinnen sein. Bei mir kommt kein Staubsauger auf einen echten Teppich."
„Ach", sagte Bruster, „und wie ...?"
„Vielleicht mit der Hand klopfen wie die alten Germanen?" lachte Nakonski.
Alle interessierten sich für das Gespräch, nur Hoff blickte ärgerlich drein.
„Genau", sagte Hartog.
„Wollen Sie behaupten", sagte Schmitt, „Sie hätten Personal, das jede Woche die Teppiche zusammenrollt, ins Freie trägt, über eine Stange hängt, klopft, bürstet, Staub schluckt und so weiter?"
Hartog antwortete fast verlegen: „Das macht das Stubenmädchen zusammen mit dem Diener."
„Und wie lange sind die schon bei Ihnen?" fragte Bruster.
„Das Mädchen ungefähr acht Jahre, der Diener war schon bei meinem Vater."
Die elektrische Uhr über der Tür zeigte halb drei. Die Sitzung war für 2 Uhr 15 angesetzt worden.
„Wie lange, schätzungsweise", erkundigte sich Ministerialdirektor Hoff, „beabsichtigen die Herrn noch über Dienstmädchen zu sprechen?"
„Sie haben wohl keins?" meinte Schmitt. Er war der Älteste am Tisch: weiße Haare und Sonnenbräune aus St. Moritz, frisch gekirnt. Er sah aus wie ein Friedensrichter aus einem amerikanischen Film. In diesem Kreis leistete nur er es sich, Hoff schlecht zu behandeln, und versäumte keine Gelegenheit dazu. Längst bedauerte er, sich in die Sache eingelassen zu haben, die sie nun schon seit fast einem Jahr immer wieder im Blauen Konferenzzimmer des „Frankfurter Palasthotels" zusammenführte und die eigenen Produktionspläne durcheinanderbrachte.
„Ich meine nur", sagte Hoff, „Dienstboten sind bekanntlich

ein unerschöpfliches Thema."
„Also los", sagte Bruster, „fangen wir an; was haben Sie Schönes?"
„Nichts Schönes", antwortete Hoff. „Die Schwierigkeiten, die sich bei Mallenwurf ergeben haben – die Herren kennen das statement vom 14. ...", die Herren kannten es, „... stellen alle unsere Termine in Frage."
„Sie waren eben auch zu kurz", warf Bruster ein.
„Wir haben sie gemeinsam beschlossen", entgegnete Hoff, „hier ist das Protokoll jener Sitzung."
„Geschenkt", sagte Nakonski, „wir haben uns eben geirrt. So schnell geht es nicht."
„Wir haben uns wirklich geirrt, Herr Ministerialdirektor", sagte Hartog. „Unser Irrtum lag darin zu glauben, wir brauchten gewisse Kinderkrankheiten nicht mehr durchzumachen. Wir hatten gehofft, die Erfahrungen der anderen ohne weiteres übernehmen zu können. Stimmt aber nicht. Wir haben fünfzehn Jahre verloren und können sie nicht in einem Jahr aufholen, da beißt die Maus keinen Faden ab ..."
Hartog gebrauchte zuweilen Redensarten, die den anderen nie in den Sinn gekommen wären. Vom Verteidigungsminister, Hoffs Chef, hatte er einmal gesagt: Er will uns immer zeigen, wo der Barthel den Most holt, aber das wissen wir selber. Dergleichen Wendungen stammten aus bäuerlicher Tradition, kamen von weither in der Familie Hartog. Die Herrn vom „Isoliermattenkartell" im ganzen kamen nicht von weither. Selbst Killenschiffs Adel stammte nur vom Vater, oder richtiger gesagt vom Kaiser Wilhelm II. Was da an Tradition war, wußte der geschickte Sohn zu verbergen, er tarnte sich sogar in seiner Sprechweise, glich sie den anderen an, die kaum achthundert Worte im Gebrauch hatten. Viel mehr zu gebrauchen, fehlte ihnen der Anlaß. Hartog und Gernstorff waren zudem die einzigen in diesem Kreis, deren Familien schon seit einem runden Jahrhundert in der Industrie und reich waren. Die Hartogschen Werke in Essen hatten Kriege und Krisen spielend überstanden.

Sie saßen bis um sieben Uhr im Blauen Zimmer zusammen. Ein Kellner brachte von Zeit zu Zeit, durchs Telefon beor-

dert, etwas zu trinken, Mineralwasser und schwarzen Johannisbeersaft. Niemand hat je die Landschaften voller Sträucher mit schwarzen Johannisbeeren gesehen, die es irgendwo geben mußte, wenn man den Umsatz dieses Getränkes in gehobenen Schichten bedenkt. Es ist ein Geheimnis, das vielleicht nur chemische Fabriken lösen können. Außer Flüssigkeiten nahmen die Herren Pillen und Medizinen zu sich – alle außer Hartog und Schmitt. Jener aus Disziplin nicht, dieser, weil ihm nichts fehlte. Er war den siebzig nahe, die deutsche Geschichte hatte es gut mit seiner Generation gemeint: In den Jahren des Wachstums hatte sie alles in Hülle und Fülle gehabt, von 1914 ab wurde sie an Entbehrungen gewöhnt, an der Völlerei der letzten Jahre beteiligte sich Schmitt nicht. So war er gesund geblieben, und nicht einmal sein Auto vermochte ihn zu ruinieren. Von seiner Villa zum Verwaltungsgebäude hatte er einen Weg von zwanzig Minuten durch den eigenen Park, den er meistens zweimal, wenn nicht viermal am Tag durchquerte.
Nakonski hatte von seiner Frau ein silbernes Döschen für seine Pillen zu Weihnachten geschenkt bekommen; auf der vergoldeten Innenseite des Deckels konnte er jedesmal lesen: *Denk an mich!* Dieselben Worte hatte Frau Gernstorff auf den Anhänger zum Autoschlüssel ihres Mannes gravieren lassen und ihm überdies für viel Geld einen Stofftiger geschenkt, der im Rückfenster lag und auf einen Unfall lauerte.
Nur Hoff war nicht verheiratet. Drei, Nakonski, v. Killenschiff und Bruster, hatten sich ihrer ersten Frauen mit Hilfe von Rechtsanwälten entledigt und zwischen 1950 und 1955 jüngere und hübschere geheiratet, die besser zu ihrem neuen Reichtum paßten. Frau Schmitt hatte sich ihrerseits scheiden lassen, weil sie der Gesundheit ihres Mannes seelisch nicht gewachsen war. Sie war glänzend versorgt worden, bevor sie die Entlassung der dritten Sekretärin, mit der ihr Mann auf Reisen ging, hätte durchzusetzen versuchen müssen. Sie gab mit ihrem Rückzug einem knapp fünfundzwanzigjährigen Mädchen namens Erika Bulger Gelegenheit, Schmitt und die Firma Mallenwurf & Erkelenz zu heiraten, das wegen seiner Figur unter vielen Bewerberinnen ausgesucht worden war, auf der Industriemesse von 1954 den In-

fünfjährige
sie das Bonner
in den Kokottensattel
anderen

teressenten für Möve-Traktoren Kaffee anzubieten. Bei dieser Gelegenheit war sie von Schmitt bemerkt worden. Ebendiese Erika Schmitt, geb. Bulger, war es, die nach Rosemaries Tod, als man allgemein vermutete, das Mädchen sei auch durch Erpressungen zu ihrem vielen Geld gekommen, die Äußerung tat: „Ich kann nicht verstehen, was es da zu erpressen gab. Wir wissen doch alle, wie unsere Männer herumschlafen."
Sie hatte die Realistik im Umgang mit ihrem Mann derart entwickelt, daß ihn ein Sekretärinnen-Verhältnis, das er nun wieder neben der geborenen Bulger betrieb – es zog sich ein halbes Jahr hin und nahm anstrengende Formen an –, ganz verwirrte. Er wußte nicht mehr genau, wo er nun eigentlich seine Freiheit fand, bei seiner Frau oder bei der anderen; die Unbefangenheit beider im Bett unterschied sich in nichts, und so wäre er wahrscheinlich ganz davon abgekommen, herumzuschlafen, wenn nicht Rosemarie in das „Isoliermattenkartell" eingebrochen wäre.
Die Sitzung zog sich schier endlos hin. Die Konstruktionsteile, die in Schmitts Werken entwickelt werden sollten, Herzstück der Steuerungsapparatur der Rakete, zeigten sich störrisch. Sie veränderten die elektrischen Befehle willkürlich.
„Verdammt", sagte v. Killenschiff, „das Ding ist doch kein Mensch, das muß doch funktionieren."
„Eben nicht", sagte Schmitt, „wir stehen vor einem Rätsel. Ich glaube, Prosky hat in den letzten Wochen keine Nacht richtig geschlafen."
Prosky war erster Fachmann für Elektronik, Professor Prosky, der die Universitätslaufbahn aufgegeben hatte, um Chefkonstrukteur bei Mallenwurf & Erkelenz zu werden.
„Da hilft nur Geduld", sagte Hartog, „ich kenne das aus dem eigenen Betrieb. Wir haben im Januar einen neuen Automaten aufgestellt, er arbeitet noch immer nicht ganz zuverlässig. Aber eigentlich ist das doch sehr interessant, finden Sie nicht, man konstruiert so ein Ding, setzt es zusammen aus achtzigtausend Teilen, alles ist berechnet, mathematisch gesichert, elektronisch vielfach kontrolliert – und dann hat es Launen. Richtige Launen. Ist gar keine Maschine mehr. Wir haben entsetzlichen Ärger mit der Anlage, aber ich ärgere

mich nicht, mich freut's eigentlich, verstehen Sie, es ist etwas Neues."

Es war schon Ende April, ein drückend schwüler Tag, jähe, verrückte Unterbrechung einer Kältewelle, die den Winter ungebührlich, aber schon nicht mehr ungewohnt verlängert hatte. Hartogs Meditationen gingen Bruster auf die Nerven. Er stand auf, um ein Fenster zu öffnen. Wenn Hartog nicht so reich gewesen wäre, wäre er anders mit ihm umgegangen; er hielt seine Zurückhaltung für Pose. Desungeachtet duzten sie sich, obwohl Hartog sich nicht so leicht mit jemandem duzte. Er wußte gar nicht, wie er dazu gekommen war, mit Bruster Brüderschaft zu schließen, es war an jenem Abend zuviel getrunken worden.
Vielleicht war es in diesem Augenblick, in dem Bruster auf das Fenster zuging, um es zu öffnen, daß er sich endgültig entschloß, sich von dem Regierungsprojekt wieder zu lösen, an dem sie hier im Blauen Konferenzzimmer arbeiteten. Er war nicht intelligent, aber er hatte eine Witternase. Sie sagte ihm, daß es zu Verwicklungen kommen würde, und was Hoff da eben äußerte, um das Gespräch wieder zur Sache zurückzuführen, lag genau in der Richtung, in die seine Befürchtungen liefen:
„Wenn wir im Herbst nichts zeigen können", sagte Hoff, „werden uns die Franzosen den Rang ablaufen. Wir haben absolut zuverlässige Informationen darüber, daß in Chaieux eine Fernrakete bereits auf dem Prüfstand steht, die ..."
Sollen sie doch, dachte Bruster, ich brauch das nicht, solche Sputniks, ich verkauf mein Zeug auch so. Er machte Draht. Hartog, Schmitt und andere machten auch Draht, er machte nur Draht. Das sagt sich so, und es klingt nach nichts. Aber es gibt nur noch wenige Plätze in Europa, die nicht von Drähten überspannt sind. Von Draht zu schweigen, der als Kabel vergraben ist. Es gibt Draht so fein wie Menschenhaar, und auch solchen Draht machten die Brusterschen Fabriken, isolierten und wickelten ihn, Kilometer auf winzige Röllchen.
Bruster blickte vom zweiten Stock auf Garage und Tankstation im Innenhof des Hotels. Ein weißgekleideter Junge füllte Benzin in einen offenen Amerikaner, der wie eine un-

aufgeräumte Wohnung aussah. In dem Durcheinander von Decken, Paketen, Zeitungen, Fotoapparaten hing über dem Rücksitz ein Baby in einer Wachstuchschaukel; die Eltern bewohnten die vordere Bank. Während sich der Vater über die Lehne zu dem Baby neigte, saß die Mutter hinter dem Lenkrad. Sie bezahlte den weißen Jungen und kurvte hinaus. Zwischen der Tankstelle und der Einfahrt zu den unterirdischen Garagen unterhielt sich ein Mechaniker mit einem Mädchen. Es gefiel Bruster auf den ersten Blick. Die Perspektive erlaubte keine genaue Abschätzung der Figur. Wenn sie keine kurzen Beine hat, ist sie prima gewachsen, dachte er. Der Mechaniker ging weg, hinunter zu den Garagen. Das Mädchen wendete sich dem Ausgang des Hofes zu. Bruster beugte sich vor, zu einem Blick. Da schaute das Mädchen herauf. Bruster grinste. Es verzögerte den Schritt.
„Hallo", rief Bruster mit unterdrückter Stimme. Es war ganz still im Hof. Das Mädchen blieb stehen. Es schaute sich um, es sicherte, würde ein Jäger gesagt haben, Bruster war jetzt auf Jagd.
Die ist richtig, dachte er. Der Blick, mit dem es sich umgesehen hatte, imponierte ihm. Er zog ein Notizbuch heraus, schrieb auf eines der perforierten Blätter, eingeheftet zwischen „Wichtige Telefonanschlüsse" und „Postgebühren": *20 Uhr vor dem Hotel, beescher SL,* riß das Blatt heraus, umwickelte damit teils aus ballistischen, teils aus taktischen Gründen ein Fünfmarkstück und ließ die Botschaft fallen. Er war sich dessen so sicher, daß das Mädchen sie aufheben würde, daß er, ohne noch einen Augenblick am Fenster zu verweilen, zum Tisch zurückkehrte.
Es ging immer noch um den Terminplan.
„Das mag alles sein", sagte Gernstorff gerade, „aber der Minister muß einsehen, wir können kein Wunder tun."
„Nee", sagte Bruster, „das können wir nicht." Gelächter, aber nicht bei Hoff.
„Wissen Sie denn, wovon wir reden?" fragte er.
„Und ob", sagte Bruster, „wir reden schon den ganzen Nachmittag über dasselbe, aber niemand traut sich scheinbar, es zu sagen. Wir reden von einem Jahr."
Hoff wiederholte: „Von einem Jahr?"

„Mindestens“, sagte Bruster, „der Minister wünscht, daß wir schon im kommenden Herbst etwas zeigen können, aber ich sage Ihnen, es wird genau ein Jahr länger dauern. So etwas habe ich im Gefühl, und da täusche ich mich nicht. Was Prosky jetzt bei Schmitt erlebt, werden wir so oder so noch alle erleben. Die Botokuden würden solche Dingerchen bauen, wenn es so leicht wäre.“
„Ihr Gefühl in Ehren“ sagte Hoff, „aber noch ein weiteres Jahr, das ist unmöglich.“
„Unmöglich gibt's nicht“, gab Bruster zurück, mit offenbarem Hohn ein Wort des Ministers, das er auf der ersten Zusammenkunft im Blauen Konferenzzimmer besser nicht verwendet hätte, ins Gegenteil verkehrend.

Gegen zwanzig Uhr stopften sie ihre Papiere in die Mappen. Hoff verabschiedete sich noch unter der Tür und verschwand im Lift. Die Herren wurden lockerer. „So geht's nicht“, sagte Schmitt zu Hartog, „wir sind doch keine Wehrwirtschaftsführer, die sich einfach herumkommandieren lassen.“
Zum erstenmal an diesem Nachmittag tat Gustav Härwandter den Mund auf, vielleicht, weil er sich als ehemaliger Wehrwirtschaftsführer getroffen fühlte: „Wir sollten vorschlagen, daß der Minister zur nächsten Sitzung kommt.“
Härwandter wußte nicht, daß Hoff schon von seinem Zimmer aus dem Minister telefonisch Bericht erstattete. Dieser Bericht trug dazu bei, daß der Verfassungsschutz bald darauf beauftragt wurde, Brusters, Schmitts und Nakonskis Auslandsbeziehungen und Privatleben zu überwachen, sie erschienen als unsichere Kantonisten. Für diese Aufgabe bediente man sich, als es soweit war, auch Rosemaries, aber Bruster bezahlte ihr mehr.
„Das ist ein guter Vorschlag“, sagte Hartog, „ich habe den Eindruck, dieser Hoff glaubt, wir wollen nicht.“
„Da glaubt er richtig“, sagte Bruster so leise, daß es nur Nakonski hören konnte.
„Nun sei mal friedlich“, erwiderte dieser.
Sie standen vor dem Lift, der hinter dem Mattglas der Tür nach oben vorbeizog, eine Kiste voll Licht. „Gehen wir zu Fuß“, sagte Schmitt.
„Wohin?“ fragte Killenschiff.

„Ich gehe essen", meinte Schmitt, „ins Chinesische, wer kommt mit?" Es zeigte sich, daß nur Gernstorff ihn begleiten wollte. „Und Sie?" fragte er Hartog.
„Freunde", rief Nakonski und blieb auf der Treppe stehen, hob ein wenig die Arme, die Handflächen nach außen gekehrt, „Freunde, das Leben ist lebenswert."
„Ich höre die Nachtigall trapsen", sagte Killenschiff. „Sie alter Sünder!"
„Wir hören sie", sagte Schmitt, „aber ich gehe doch essen."
Hartog schüttelte den Kopf. „Nein", sagte er, „mir ist es zu früh, ich will noch ein bißchen an die Luft."
„Luft in Frankfurt?" meinte Nakonski, „da müssen Sie erst mal 20 Ka-Em fahren; also, was ist nun, wer kommt mit? Du doch bestimmt?"
„Heute nicht", sagte Bruster und warf einen Blick auf seine Uhr, „ich habe eine Verabredung."
Nakonski und Härwandter gingen in die Halle und verhandelten mit Portier Kleie.

Hartog verließ als erster das Hotel. Es war schon dunkel draußen. Der Parkplatzwächter hielt ihm den Schlag auf und schloß ihn mit sanfter Bestimmtheit. Hartog, häufiger Gast im Palasthotel, hatte sich angewöhnt, dem Mann für dieses behutsame Türenschließen eine Mark zu geben. Jegliche Meisterschaft macht sich bezahlt, und Hartog haßte Türenknallen.
Die kleine rot-weiß gestrichene Schranke, die die Ausfahrt auf die Straße versperrte, war geöffnet. Hartog wollte gerade Gas geben, als ihn eine Frauensperson, die plötzlich vor seinen Scheinwerfern stand, zwang, hart zu bremsen.
Das Verdeck seines Wagens war zurückgeschlagen. Die Frau kam um den Wagen herum, öffnete die Tür, stieg ein und schlug sie wieder zu.
„Sachte", sagte Hartog. Er blickte das Mädchen an. Soviel er sah, war es jung und blond. Es saß da, steckte die Hände in die Taschen seines Regenmantels und schaute geradeaus.
„Und?" fragte Hartog.
Das Mädchen wendete ihm einen Augenblick ihr Gesicht zu,

häßlich war es nicht, dann schaute es wieder an ihm vorbei.
„Was wollen Sie?“ fragte Hartog ungeduldig. Hinter ihm forderte ein anderes Fahrzeug mit der Lichthupe Durchfahrt. Er bog in die Straße ein und hielt wieder.
„Also, was soll das?“ wiederholte er.
„Sie sind aber ulkig“, sagte das Mädchen. Es streifte eine weiße Handtasche vom Arm und fing an, darin zu kramen. Es brachte ein zerknittertes Papier zum Vorschein. „Da“, sagte es.
Hartog nahm das Papier, schaltete das Kartenlicht am Armaturenbrett ein und las die Nachricht. Der Zettel verriet ihm nichts. Von Brusters Handschrift kannte er nur den Namenszug.
„Das ist nicht von mir“, sagte er.
„Wieso denn nicht – beescher SL ...“
„Es gibt viele beige SL; als ich heute hier parkte, sah ich mindestens drei.“
Pause. „Mir ist es gleich“, sagte das Mädchen dann.
„Aber mir nicht“, erwiderte er.
Pause.
„Was hatten Sie denn vor?“ fragte die Person.
„Ich will noch an die Luft“, sagte Hartog.
Das Mädchen kicherte. Es wiederholte fast Nakonskis Worte: „In Frankfurt und am Abend? Da müssen Sie aber weit fahren. Sie sind ja ulkig.“
„Sagen Sie nicht immer ulkig“, fuhr Hartog es an.
Das Mädchen starrte ihn verwundert an. Die abgrundtiefe Verständnislosigkeit dieses Blickes veranlaßte Hartog, die Handbremse zu lösen.
„Dann kommen Sie mal mit“, sagte er.

Die Hoteltür, die Bruster kurz nach zwanzig Uhr aus dem Hotel hinausgedreht hatte, drehte ihn eine halbe Stunde später wieder hinein. Er war wütend darüber, daß das Mädchen aus dem Hof ihn versetzt hatte. Er ging quer durch die Halle, in der noch Nakonski und Härwandter saßen und der Mädchen warteten, die da kommen sollten. Nakonski rief ihn an.
„Was ist denn, Alfons, ich dachte, du seist verabredet?“
„Ich war es“, sagte Bruster, „und ihr?“

„Wir sind es, jedenfalls behauptet das Kleie."
„Auf den ist Verlaß", sagte Bruster und begab sich zum Portier.
„Haben Sie noch Karten?" fragte Bruster.
„Gewiß doch, Herr Bruster", ging Herr Kleie auf den Scherz ein, „die Vorstellung beginnt jederzeit, aber ich fürchte, es wird nicht Premiere sein."
„Habe ich auch nicht erwartet", sagte Bruster.
„Was soll es sein, Herr Generaldirektor?" Mit diesen Worten zog er ein schwarz gebundenes Buch mit Abc-Register aus seiner Schublade. „Teuer?"
„Was nennen Sie jetzt teuer? Steigen die Preise?"
„Wie sollten sie nicht, alles steigt."
„Haha", lachte Bruster. Gerade trat ein Boy auf Nakonski zu und richtete ihm etwas aus. Die beiden Herren erhoben sich und schritten dem Ausgang zu.
Sie geboten zusammen über sechstausendvierhundert Arbeiter, sie waren die Kleinen im „Isoliermattenkartell", aber für die Mädchen, mit denen sie sich jetzt trafen, waren sie aus der oberen Schublade des Reichtums.
„Hundertfünfzig", sagte Kleie.
„Hundertfünfzig? – das sollte sich machen lassen."
„Jetzt handelt es sich um den Typ", sagte Kleie.
„Blond", sagte Bruster, „blond, schlank – und sachlich."
Kleie blickte auf.
„Sachlich?" sagte er, „das habe ich noch nie in einer Heiratsanzeige gelesen."
„Wie?" rief Bruster amüsiert.
„Verzeihung", sagte der Chefportier des Palasthotels – er hatte es in zehn Jahren zu zwei Häusern, die er vermietete, und zu einer Eigentumswohnung gebracht –, „ich meine nur, sachlich, das ist gut. Stellen Sie sich vor, Herr Generaldirektor, Sie schlagen am Sonntag beim Frühstück die Wochenendausgabe der Eff-A-Zett auf und kommen zu den Heiratsanzeigen, sind ja genug drin, eine größer als die andere, ganz klotzige Dinger dabei, wenn da nun stehen würde, liebevoller Charakter, sonniges Wesen, musikalisch, gute Kochkenntnisse, im Bett sachlich – das wär doch mal was. Möchte wetten, das Inserat hätte Erfolg. Aber das hat noch keine geschrieben und keiner verlangt. Dabei, Sie haben

recht, ist es doch mindestens so wichtig wie das Kochen ..."
„Sie haben Ihren philosophischen Tag, Kleie. Nun schauen Sie mal nach, was noch da ist."
„Noch genug", sagte Kleie, „heute ist hier nichts Besonderes los. Morgen wär's anders, großer Ärztekongreß, da ist immer ganz schön was gefällig. Also, wenn Sie sich vielleicht ein paar Minuten in die Bar setzen wollten, ich telefonier mal."
Und er wählte eine Nummer.

Hartog war mit dem Mädchen, dessen Bekanntschaft er dem Typ und der Farbe seines Wagens verdankte, losgefahren, ein Stück flußaufwärts, aber die Stadt hörte nicht auf, er hielt irgendwo, sie stiegen aus, die Luft war immer noch drückend, und das Wasser, dessen Strömung nicht zu bemerken war, stand wie schmutziges Öl zwischen seinen steinernen Fassungen. Das Mädchen hatte den Verstand, nicht zu reden; befragt, antwortete es, es heiße Rosemarie. Hartog wurde innerlich klebrig vor Mißmut. Sie waren noch keine dreihundert Meter gegangen, da machte er schroff kehrt.
„Fahren wir wieder", sagte er.
„Da haben Sie Ihre Luft", sagte Rosemarie.
Sie stiegen ein und fuhren in die Stadt zurück über die nächste Brücke. Dazu aufgefordert, lotste Rosemarie den SL vor eine Bar mit Programm, die ziemlich weit draußen lag. Rosemarie sagte: „Da war ich einmal."
Die Garderobiere hing den billigen Regenmantel Rosemaries zwischen zwei verspätete Pelze. Allmählich ging Hartog auf, was Bruster aus der Entfernung auf den ersten Blick gesehen hatte: Die Person war schön gewachsen, sie sah aus, als sei sie aus zahlreichen großen und kleinen Halbkugeln zusammengesetzt, es war alles rund an ihr, auch Stirn, Nase, Mund und Kinn, sogar die Augen waren auf eine besondere Art rund, Rock und Pullover verdeutlichten noch, was ohnehin deutlich genug war. Indes, üppig war die Figur nicht, sie hatte Kontur. Rosemarie bekam gut zu essen und zu trinken, aber sie fühlte sich nicht behaglich. Von dem Augenblick an, in dem Hartog gesagt hatte: Sagen Sie nicht immer ulkig, hatte sie ihre Unbefangenheit verloren. Ihre einzige Sicherheit, die Direktheit der Huren, war dahin. Dieser Mann

machte mit ihr Konversation, wenn er überhaupt etwas sagte, er benahm sich, als wäre sie eine Dame, und sie wußte nicht ein noch aus. Tanzen wollte er offenbar auch nicht. Das Programm begann erst später. Auf dem Tisch lag ein Prospekt des Unternehmens. Auf dem Umschlag hob eine Schlafzimmeraugenfrau ein Sektglas einem Brunnenbuberl entgegen, das sein Wässerlein in das Glas laufen ließ. Plastisch stand die Figur auf der Bar und füllte die Wanne, in der man die Gläser wäscht.
Was Rosemarie zu diesem Bild sagen wollte, um eine Unterhaltung in Gang zu bringen, war auf „Sie" unsagbar. Sie rauchten, sie rauchten wenigstens, Hartogs Etui und Feuerzeug lagen auf dem Tisch. Rosemarie nahm sie und spielte damit. Sie öffnete das Etui und las die Widmung: 24. 3. 1951 Adelheid. Hat er da erst geheiratet? dachte sie.
„Ist das aus Gold?" fragte sie.
Hartog nickte. Sie wog beide Gegenstände in der Hand.
„Allerhand schwer", sagte sie, „was kostet das zusammen?"
„Ich weiß es nicht?" sagte Hartog.
„Wissen Sie es wirklich nicht?" fragte sie.
„Nein", sagte er, „es interessiert mich nicht, was solche Sachen kosten."
„Sie sind aber ...", sagte sie und verschluckte das Wort ulkig.
„Andere Männer fragen immer sofort, was es kostet."
„Was?" fragte er.
Das hätte nun der Anfang des Spieles sein können, auf das Rosemarie wartete, aber Hartog bemerkte gar nicht, wohin die Frage zielen konnte.
„Alles, alles", sagte Rosemarie. „Sie reden immer von Preisen. Sie nicht?"
„Privat nicht", sagte Hartog.
„Jetzt sind Sie privat?"
Hartog blickte auf und lächelte. Sie ist doch eigentlich ganz hübsch, dachte er. Er hatte Adelheid zweimal betrogen, einmal im Krieg, in Frankreich, das dauerte zwei Wochen, und einmal, das war erst ein Jahr her und hatte länger gedauert. Der 24. März 1951 war ihr zehnjähriger Hochzeitstag gewesen. Die Französin und Alice v. Nevend, eine Schulfreundin seiner Frau, verheiratet, aber gelangweilt, hatten sich in ihn

verliebt, bevor sie mit ihm ein Verhältnis begannen. Und früher?
Nein, eine Rosemarie war nicht dabeigewesen. Selbst jetzt, als sich seine Laune etwas besserte und er anfing, von dem Mädchen Notiz zu nehmen, dachte er nicht daran, sich mit ihm einzulassen. Er war noch entschlossen, es abzusetzen, sobald sie die Bar verlassen hatten.
Als sie gegessen hatten, fing das Programm an. Ein paar Mädchen wedelten mit den Beinen, und schließlich zog sich eines von ihnen aus. Es tat es unter Assistenz einiger Herren aus dem Publikum. Es bot auch Hartog die Chance, den Knopf eines Strumpfhalters zu lösen; er tat es, um sich nicht lächerlich zu machen, aber das Mädchen sagte: „Nur Mut."
Wenn Rosemarie nicht einen für ihren Broterwerb nützlichen Instinkt für homosexuelle Männer gehabt hätte, so wäre jetzt der Verdacht in ihr entstanden, bei diesem Mann mit seinem goldenen Etui, seinem goldenen Feuerzeug und seinem Sportwagen stimme es nicht. Sie hatte nur noch eineinhalb Jahre zu leben, und während dieser eineinhalb Jahre dachte sie manchmal daran, wie Hartogs Hände versucht hatten, das schwarze Strumpfband des Barmädchens aufzumachen, ohne seine nackte Haut zu berühren. Denn diese Bewegung war für sie der Anlaß geworden, den Mann anders zur Kenntnis zu nehmen denn nur als Kundschaft für diese Nacht. Aber das begriff sie erst später.
Dem Mädchen, das sich auf der gläsernen, sich langsam drehenden Scheibe auszog, auf der man tanzte, war Koketterie bei seinem Tun fremd. Es verschwand nicht, als es nackt war, das Licht ging nicht aus, sondern wurde nur dunkelrot. Das Mädchen, blond überall, mit gewaltigen Brüsten, stand auf der Glasscheibe, die sich drehte, ergriff eines der schwarzen Strumpfbänder, das es vom Gürtel gelöst hatte, und benützte es, während die Kapelle aussetzte, zu einer unüberbietbaren ordinären Geste. Das Licht veränderte sich und zuckte in farbigen Blitzen. Als das Mädchen verschwunden war, die Kapelle von neuem begonnen hatte, und Hartog, der Rosemarie während der Darbietung den Rücken zugewendet hatte, sich ihr wieder zukehrte, sah sie, daß er einen anderen Blick hatte. Er bemerkte sie endlich.
„Gehen wir", sagte er, und er meinte, was er sagte, nichts an-

deres. Aber sie antwortete: „Wohin denn? In deinem feinen Hotel geht's wohl nicht? Und bei mir – lieber nicht."
Sie hatte ihre Sicherheit zurückgewonnen, und obwohl er nicht antwortete, wußte sie, daß er die Nacht mit ihr verbringen würde. Er sah gut aus, er gefiel ihr, und die drei Stunden, seitdem sie in sein Auto gestiegen war, in denen er so unangreifbar erschienen war, sie hatten in ihr eine Begierde entzündet, in deren Genuß seit langem bei ihr kein Mann gekommen war.
Als sie auf die Straße traten, regnete es ein wenig. Er hatte schon zuvor in Erwartung des Regens das Wagendach geschlossen. Sie fuhren in die Innenstadt zurück. Wortlos und ohne Zeit zu verlieren, ergriff Rosemarie die Initiative. Er ließ es geschehen. „Ja?" fragte sie.
„Ja", sagte er.
„Du warst so..., da traut man sich gar nicht", sagte sie.
„Wirklich?" sagte er und dachte: Warum muß erst dieses Straßenmädchen kommen? Er fuhr, er gab Gas, er nahm Gas weg, er kuppelte aus, er kuppelte ein, er bremste, er reagierte mechanisch auf die roten, gelben und grünen Lampen an den Kreuzungen, er fuhr durch Frankfurt, zwischen ihm und der Welt ringsum war nur ein bißchen Glas, er dirigierte die kräftige Maschine, tat eine sachliche Arbeit, wenn man Chauffieren Arbeit nennen kann, schmiegte sich in die Lederpolster des Sitzes und war ganz und gar mit sich allein. Zugleich aber durchrannen ihn jene Gefühle, die er sonst nur in Verbindung mit einer äußersten Zweisamkeit, einer anspruchsvollen Intimität kennengelernt, Gefühle, die er noch nie so frei, so intensiv, so absolut empfunden hatte. Von faire l'amour war nur das faire übriggeblieben. Der Wagen trug sie fast lautlos und behutsam durch die nächtliche Stadt, die noch voller bunter Lichter war wie ein Jahrmarkt und noch belebt.

Er fuhr zur Autobahn hinaus, er wollte die Sensation genießen, den Wagen auszufahren, die Linke am Steuer, die Rechte in des Mädchens Haar verkrallt, und zugleich den Empfindungen nachzugeben, die es in ihm weckte.
Als der Motor aufjaulte, hob es ein wenig den Kopf. „Was ist?" fragte es. „Nichts", sagte er, „mach weiter."

Die Autobahn war fast leer, er schaltete das große Licht ein und raste dahin. Der Regen hatte aufgehört. Für einen Augenblick bremste er ab und drückte auf einen Knopf. Das Dach öffnete sich. Er drehte die Seitenscheibe herunter. Wenn es möglich gewesen wäre, hätte er die Windschutzscheibe umgelegt. Er fuhr, als gälte es, ein Rennen zu gewinnen.
„Mach mir nicht die Frisur kaputt", sagte Rosemarie.
Er hatte die südliche Route eingeschlagen. Kurz bevor sie die Abzweigung nach Heidelberg erreichten, war sie selbst wie von Sinnen. Er fuhr auf das Bankett hinaus und hielt an. Sie verharrte in ihrer Stellung, den Kopf auf seinen Knien, und regte sich nicht. Auch er bewegte sich nicht. Stille war plötzlich um sie. Nach einer Weile zündete er sich eine Zigarette an. Sie drehte sich ein wenig und sagte: „Mir auch." Er schob ihr das Mundstück der Zigarette zwischen die Lippen. Während sie den Rauch einsaugte, spürte er den Druck ihres Mundes.
Sie blieben die Nacht in Heidelberg. In ihrem Badezimmer lag auf dem Rand der eingebauten Wanne aus schwarzen Kacheln eine kleine gelbe Tube.
„Was ist das?" fragte Rosemarie.
„Schaum fürs Bad", sagte Hartog. „Sie müssen den Inhalt in die leere Wanne drücken und dann mit der Brause darüberspülen – so schäumt es am besten."
Er ging ins Zimmer zurück, um sich auszuziehen. Als er ins Bad zurückkam, war sie ebenfalls entkleidet. Sie stand über die Wanne gebeugt und spielte mit dem Schaum. So sah er sie zum erstenmal nackt, sie war vollkommen gewachsen.
„Komm", sagte sie.
Die Wanne war groß genug für beide. Sie saßen, unter der Schaumdecke verborgen, einander gegenüber. Sie bekam einen Lachanfall.
„Was ist denn?" fragte er.
„Da sitzen wir zusammen in der Badewanne, und du sagst Sie zu mir", rief sie und fuhr fort zu lachen.
„Das verstehst du nicht", sagte er, „Je fremder du mir bleibst, desto lieber bist du mir."
„Du bist aber wirklich ulkig", sagte sie. –

Erst gegen elf Uhr am nächsten Morgen betrat er wieder sein Frankfurter Hotel. Herr Kleie war noch im Dienst, oder wieder. „Ihre Frau Schwester ist gestern abend noch angekommen“, sagte er. „Sie möchten sich doch bitte gleich melden.“

„Komm herauf“, sagte Marga am Telefon, „ich liege zwar noch im Bett, aber du kannst mit mir frühstücken.“ Er ging in sein Zimmer, rasierte sich, wusch sich die Hände mit Pour un homme und roch danach, als er in Margas Zimmer trat.

„Ich dachte nicht ...“, sagte er, küßte ihr die Hand und ließ sich auf die Bettkante nieder. „... mich hier zu sehen“, vollendete sie den Satz. „Ich hatte eigentlich auch gar nicht die Absicht, hereinzufahren, aber ich brauche einen neuen Sattel, in drei Wochen reitet der Klub in Arnoldsheim. Ich wußte nicht, daß ich dich treffen würde. Heute nacht warst du wohl nicht im Hotel.“

„Ich ...“, sagte er.

„Ja“, sagte sie, „man sieht es. Willst du Tee?“

Das Frühstück war über ihr Bett verteilt. Das Bett war rund, ein Nest. Sie sah ihrem Bruder ähnlich, aber sie hatte mehr Rasse. Die einzige Schwester und ihm nahe. Ihre Ehe war dahin, aber sie trauerte ihr nicht nach. Der ehemalige Rennleiter Horst v. Rahn war nur noch charmant gewesen, als er zu alt geworden war, Rennen zu reiten. Er war jetzt Generalvertreter der Hartogschen Werke in Belgien; versorgt und verbraucht. Sie war auf Gersau geblieben, das ererbte Gut gedieh, sie hatte keinen Rennstall, aber Pferde. Wenn Frauen nicht nur sonntags über eine Wiese hoppeln, sondern wirklich reiten, sieht man es ihnen an. Sie halten meistens nichts von den Männern, mit denen sie sich einlassen. Aber sie liebte den Bruder.

„Wie oft bist du eigentlich jetzt in Frankfurt?“ fragte sie.

„So alle drei bis vier Wochen. Warum fragst du?“

„Aus purer Sehnsucht. Du machst dich rar. Nach Gersau kommst du nie. Wir könnten uns hier hin und wieder sehen, ich kann mich ja nach dir richten.“

„Ja“, sagte er.

„Soviel Begeisterung“, sagte sie und fuhr mit der Spitze ihres kleinen Fingers eine Linie in seinem Gesicht nach, von der

Nase um den Mund zum Kinn.
„Mach mal Pause ...“
„Ich möchte schon“, sagte er.
„Und tust es nicht. Das ist doch kein Leben. Der Betrieb läuft glänzend, und du machst dich kaputt.“
„Eben“, sagte er, „er läuft zu glänzend. Wozu hast du denn einen Rasierapparat ...?“
Er nahm ihn vom Nachttisch.
„Mein Gott“, sagte sie, „man braucht ihn.“
„Ja“, sagte er, „das ist so, siehst du, er steht auf 220 Volt, und wenn ich ihn einstecke, läuft er ganz normal. Aber wenn ich ihn jetzt auf 110 schalte ...“
Er tat es. Der kleine Motor im Innern der weißen Kapsel raste los.
„Nicht!“ sagte sie.
Er schaltete ab. „Das hält er aus“, sagte er, „aber nicht lange. Dann brennt der Motor durch. Aus. Und so laufen unsere Fabriken.“
„Schöne Aussichten“, sagte sie. „Aber besser sie brennen durch als du.“
„Ich muß aufpassen. Zehn Jahre hab ich angetrieben; jetzt bremse ich. Das ist viel mühsamer. Aber da ist der neue Automat, den wir bei der DERLAG aufgestellt haben. Er bremst von selbst.“
Sie legte sich zurück, es war sehr gemütlich.
„Er geht nicht“, sagte er. „Wenn er gehen würde, ersetzte er die vierhundert Arbeiter in Halle neun. Aber er geht nicht. Er spuckt Feuer, er hustet, es kracht und rumort in ihm – einfach herrlich.“
Marga lachte.
„Ja“, sagte er, „es läuft mal etwas nicht glatt. Eine Maschine!“
„Nur die Maschine?“ fragte sie.
Er schenkte sich eine zweite Tasse ein. „Du bist zu scharfsichtig“, sagte er.
„Du brauchst nichts zu erzählen, wenn du nicht willst“, entgegnete sie, „aber wenn du willst – du weißt, der Baron hat mich gelehrt zu schweigen, indem er lauter Sachen tat, über die man nicht reden konnte.“
Sie nannte ihren geschiedenen Mann immer den Baron.

„Ich auch“, sagte Hartog.
„Dann laß es“, sagte sie.
Er stand auf. „Ein Film-Bett“, sagte er, „aber es steht dir. Du siehst wunderbar aus.“
„Bestechung gilt nicht“, sagte sie. „Also, was ist denn ...? Du wärmst doch nicht etwa diese Geschichte mit Alice auf? Das tu Adelheid nicht an. Sie hat es einmal geschluckt, ihr habt euch auseinander- und wieder zusammengeredet, genug Alice!“
„Das ist es nicht“, sagte er.
„Also eine neue Dame?“
„Keine Dame. Das äußerste Gegenteil.“
Er machte Andeutungen und mehr als das.
„Das paßt gar nicht zu dir“, sagte sie.
„Ich dachte es auch. Aber es paßt ...“

Hartog mietete Rosemarie eine Wohnung. Ein Zimmer, ein Bad und eine kleine Küche. In einer kleinen Straße draußen beim Dornbusch, das ist ein Stadtteil von Frankfurt. Er gab ihr Geld, weil die Vorstellung, die Wohnung selber einrichten zu dürfen, das Mädchen in Entzücken versetzte. Beim ersten Besuch in der fertigen Wohnung sah Hartog, daß er einen Fehler gemacht hatte. Er hätte die Einrichtung einer Firma überlassen müssen. Der runde Tisch vor der Couch zeigte Rohrgeflecht unter einer Glasplatte. Blumentöpfe standen auf einer dreistöckigen Etagere. Der Teppich hatte Muster, die Vorhänge hatten Muster, und Rosemaries Morgenmantel hatte ein anderes Muster. Auch die Seitenteile der Couch waren geflochten.
Sie führte ihn stolz herum; wenigstens im Bad gab es kein Rohrgeflecht und keine Bilder. Sie war selig, schmiegsam und dankbar. Sie hatte das Große Los gezogen.
Hartog hätte tausend Mark auf den runden Tisch legen sollen, auf die durchbrochene Decke über der Glasplatte, den Hut nehmen und gehen. Aber dafür war er zu gut erzogen und zu schwach. Er blieb. Er hoffte auf das Bett. Ihr entfesselter Kleinbürgerinstinkt veränderte sie sogar dort. Sie wurde neckisch. Er wurde ihrer Gefühlspose nicht Herr, er setzte sich nicht durch, es wurde qualvoll. Sie fand eine Gelegenheit zu sagen: „Magst du mich?“

Da hatte er einen männlichen Augenblick. Er sagte: „Nein.“ Aber sie drückte ihn an sich und nahm es für ein Ja.
Sie wußte auf den Pfennig genau, was die Wohnung und ihre Einrichtung gekostet hatten und was er ihr sonst gekauft hatte: alles nämlich vom Badeschwamm bis zum Radioapparat. Sie konnte sich nicht vorstellen, daß dies alles ein dummer Irrtum war, sein Irrtum, und daß er nichts wollte, als wieder auf der Autobahn sein und diese entfremdete Lust wieder fühlen, geweckt von den exakten Techniken eines Mädchens, das sich plötzlich aus der Nacht gelöst und in sein Auto gesetzt hatte. Als sie ins Badezimmer gingen, wurde es besser. Dort war ein klares, hartes Licht, das Glaszeug, der Spiegel, die Kacheln, die Wanne, das Becken hatten eine zuverlässige Oberfläche und eine leidliche Form, und das Mädchen hatte das Gefühl, die Liebesstunde sei nun vorbei und sie wurde wieder, was sie war, eine Hure, bar jeder falschen oder jeder echten Scham. Hartog, eben noch des Mißmuts voll und nach der Entspannung an den Rand des Ekels gelangt, bekam jenen Blick, mit dem er sie angeschaut hatte nach der Entkleidungszene im Lokal. Sie war erstaunt, und was sie dachte, läßt sich am besten mit dem Wort: Donnerwetter! ausdrücken. Er nahm sie noch einmal auf dem dunkelblauen Bodenbelag, den sie am Nachmittag gebohnert hatte, ihre Schultern lagen auf einer rosafarbenen Matte aus Schaumgummi.

Dann zog er sich an und ging fort. Sie fragte nicht, wann er wiederkomme, sie wagte es nicht und war verwirrt. Wenn er sie beim Abschied angesehen hätte, würde er ihren lauernden Blick bemerkt haben. Sie war sich nicht sicher, ob sie ihn wiedersähe, aber sie konnte sich auch nicht vorstellen, daß er dies alles im Stich ließe für nichts und wieder nichts. Dabei dachte sie nicht an sich, sondern an die Einrichtung für 7385 Mark und 60 Pfennig. Ohne Miete und Baukostenzuschuß. Sie hatte noch den redlichen Hurensinn, der das eigene Ich nicht rechnet.
Er nahm sich ein Zimmer im Palasthotel, sein Zimmer, ihm von Kleie zugewiesen, das gewohnte stets, und kam wieder. Er lernte mit der Wohnung und ihrer Bewohnerin fertig zu

werden. Diese eine Erfahrung, dieses erste Couch-Volksfest hatte ihn belehrt, daß er hier nicht sein durfte, was er war: ein gebildeter, kluger Mann von guten Manieren, von einer natürlichen Ritterlichkeit gegen Frauen, der eine fatale Fähigkeit hatte, Liebe zu provozieren, ohne lieben zu können, und diesen Mangel durch gut inszenierten Minnedienst auszugleichen versuchte. An diesem Konrad Hartog, reich dazu, dessen Geld sich bei Rosemarie in billigstes Neu-Barock verwandelt hatte, entzündeten sich ihre bürgerlichen Träume, und sie präsentierte sich ihm so, wie sie glaubte, es diesem Herrn schuldig zu sein. Und nicht nur das: auch so, wie sie sich eine Rosemarie im Glück vorstellte. Um ihre Anbiederung nicht noch einmal erleben zu müssen, trug er hinfort eine Art zur Schau, die gar nicht die seine war; er behandelte sie mit kalter Gier, sprach Worte aus, die er niemals zuvor benützt hatte und von denen er sich fragte, woher er sie nahm, und erfand listige Vorwände, um die Vereinigung und die Spiele in allen möglichen Varianten casanovahaft zu vollziehen, nur nicht dort und so, wie es diese Wohnung und ihre Besitzerin erwarteten.
Er blieb diesmal fünf Tage in Frankfurt, zog sich jedoch jede Nacht in das Hotel zurück und empfand eine ungeheure Erleichterung, wenn er, erwachend, sich allein im Komfort vom Zimmer 19 fand. Hier hatte er auch einmal mit Alice zwei Nächte verbracht, Nächte mit Auslauf bis zum Frühstück, nach vielen hastigen, eingeklemmten Rendezvous in Essen, und hier hatten ihre Beteuerungen, sie liebe ihn, etwas Ekstatisches bekommen, weil sie nicht nach der Uhr zu sehen brauchte, nachher. Die gute Alice, vielleicht war sie nicht auf ihre Kosten gekommen, vielleicht hätte sie der Konrad Hartog à la Rosemarie weit mehr entflammt. Er wuchs in die Rolle eines routinierten he-man hinein, und sie gefiel ihm. Er schlug der Hydra Sentimentalität immer wieder die neu nachwachsenden Köpfe ab. Dabei lernten sie beide. Das Mädchen fing an zu ahnen, was eine Hure eigentlich sei, sie also und er erschlossen sich Bezirke, von denen er bisher nur vom Hörensagen gewußt hatte. Als er das zweitemal, nachdem sie die Wohnung bezogen hatte, nach Frankfurt kam, um mit dem „Isoliermattenkartell" zu tagen, hatte er, was man ein festes Verhältnis nennt.

Es unterschied sich derart von seiner Ehe in Essen, daß er sich nicht jenen Anfechtungen schlechten Gewissens ausgesetzt sah, die ihm bei Alice nicht erspart geblieben waren. Er hatte es nicht nur mit zwei Frauen zu tun, die, wie er sich glauben machte, aus zwei Welten stammten, er selbst war bei Adelheid und Rosemarie jeweils ein völlig anderer Mensch und Mann, von aufmerksamer Ritterlichkeit und Besorgtheit dort, von einem gierigen Draufgängertum bei Rosemarie, in dem er sich gefiel. Ich nehme ihr nichts weg, dachte er und meinte seine Frau, wenn er nach Hause über die Autobahn zurückfuhr, die von anderen „schnellen" Männern in schnellen Wagen bevölkert war, Männern, die niemandem etwas wegnehmen konnten, weil sie niemandem etwas gaben. Hartog indes wäre erstaunt gewesen, wenn ihm jemand gesagt hätte, daß Rosemarie mehr Grund hatte, mit ihm zufrieden zu sein, als seine Frau, obwohl die Tage im Monat an einer Hand zu zählen waren, die er in Frankfurt verbrachte.

Hoff mußte vorzeitig eine nächste Sitzung in das Blaue Konferenzzimmer einberufen. Das Ministerium sah seine Pläne, mit dem Auswärtigen Amt besprochen, durch Terminverzögerungen bedroht, die sich häuften. Zu den Schwierigkeiten, in die Mallenwurf & Erkelenz nach Schmitts Bericht schon vor der Zusammenkunft im April geraten war, Schwierigkeiten, die sich offenbar keineswegs verringert hatten, gesellten sich neue bei Bruster und Nakonski. Sie hatten beide dem Ministerium und der Arbeitsgemeinschaft Mitteilung davon gemacht, daß an eine Einhaltung der ihnen gestellten Termine nicht zu denken sei. Aus technischen Gründen, wie in umfangreichen Anlagen dargelegt wurde. Die aufgeführten Daten schienen stichhaltig zu sein, dennoch mißtraute ihnen das Ministerium, oder richtiger gesagt, Hoff vermutete, diese Gründe seien nur vorgeschoben und nicht so schwerwiegend, wie sie hingestellt wurden. Er glaubte vielmehr, die Abkühlung gegenüber dem Projekt „Baby Doll", die er bei diesen Mitgliedern des „Isoliermattenkartells" feststellte, auf Erfahrungen zurückführen zu müssen, die Schmitts gerissener Generaldirektor Walter Wallnitz, in der ganzen Industrie nur WW genannt, von einer Informationsreise aus Rußland mitgebracht hatte.

In der Tat waren von Wallnitz' Bericht vor seinem Direktorium, obwohl hinter verschlossenen Türen gegeben, gewisse Einzelheiten durchgesickert. Ein Satz war es besonders gewesen, der mindestens dem Inhalt nach Bruster bekannt geworden war und seine Abneigung, weiter an „Baby Doll" mitzuarbeiten, verstärkt hatte. „Ich wurde", hatte Wallnitz ausgeführt, „mehrmals gefragt, ob unsere Firma für die westdeutsche Aufrüstung arbeite, und ich darf es als einen besonders günstigen Umstand bezeichnen, daß ich diese Frage entschieden verneinen konnte."
Bei diesen Worten hatte Schmitt seinen Generaldirektor angesehen und dabei gedacht, wie gut, daß nur er und nicht das ganze Direktorium über „Baby Doll" Bescheid weiß, und wie gut, daß auch die Russen nichts davon zu wissen scheinen; aber zum Teufel, ich glaube, wir sollten da kurztreten.
Genau dieselbe Schlußfolgerung zog Bruster, dessen Antrag für ein Visum nach Moskau bei der russischen Botschaft lag und noch nicht erledigt war. Was aber Nakonski betrifft, fühlte er sich von Hoff hochnäsig behandelt, und er hatte außerdem im Flugzeug auf einer Reise von Düsseldorf nach Indien, wo er einen großen Auftrag hereinholen konnte, ein Buch gelesen mit dem Titel: *Die letzten drei Stunden.* Darin wurde ein künftiger Atomkrieg mit der Akribie einer Generalstabsstudie geschildert und die Zerstörung des Wohngebietes der Deutschen lebendig dargestellt. Romanen gegenüber, wenn sie nur schlecht genug geschrieben waren, um eine hartgesottene Phantasie in Schwung zu versetzen, war Nakonski wehrlos. Er hatte bei dieser Lektüre sein Damaskus erlebt.
So sah das Blaue Konferenzzimmer eine überaus unerfreuliche Sitzung, und Härwandter kam auf seinen Vorschlag zurück, man müsse sich mit dem Minister selbst in Kürze zusammensetzen. Er fand allseits Zustimmung, weil er die Möglichkeit bot, die Probleme zu vertagen. Nichtsdestoweniger zerfiel bereits in dieser Sitzung die Arbeitsgemeinschaft für jeden Beteiligten erkennbar in zwei Parteien: in eine pessimistische, welche die Schwierigkeiten in den Vordergrund stellte, und eine optimistische, die mit ihnen fertig zu werden versprach. Die eine wurde von Bruster, die andere von Hartog angeführt.

Man ging in unguter Stimmung auseinander. Bruster und Hartog wohnten auf demselben Stockwerk, vor Brusters Zimmer blieben sie stehen.
„Was machen wir nur mit Hoff", sagte Bruster, „ich fühl mich nicht wohl bei der Sache."
„Das merkt ein blindes Pferd", antwortete Hartog, „und blind ist Hoff bestimmt nicht."
„Meinst du, es ist politisch wirklich so wichtig, wie er tut?"
„Ich bin überzeugt. Es wäre mir auch lieber, es wäre nicht wichtig und wir könnten die Sache schleifen lassen. Ich bin in derselben Lage wie Schmitt, wir schaffen unsere privaten Aufträge nicht, aber schließlich leben wir nicht auf dem Mond."
„Nee", sagte Bruster, „da wollen wir ja hin."
„Da sind die anderen früher, das ist es nicht", erwiderte Hartog. „Wir müssen nicht auf den Mond, wir müssen wieder Anschluß finden. Dabeisein. Mitkommen."
„Durch ‚Baby Doll'?"
„Warum nicht? Irgendwo müssen wir anfangen aufzuholen", sagte Hartog. „Was machen wir, seitdem wir überhaupt wieder etwas machen? Zeug, das jeder machen kann. Ob es nun Seifenpulver oder Tanker sind, das macht keinen Unterschied, es schlägt nicht zu Buch, national, meine ich. Wir machen Geschäfte, aber wir sind nichts."
„So ist es nun doch nicht", sagte Bruster, „ich war neulich in Persien, die wissen Bescheid über uns, das kann ich dir sagen. Wir haben dort ein Ansehen – toll!"
„In Persien! In Chile auch. Aber fahr zwei Stunden hinter Chicago, da wissen sie gar nicht, wo Deutschland liegt."
„Wennschon."
„Stimmt nicht. Heute läuft der Laden von allein. Aber wenn er mal nicht mehr von allein läuft, wenn's wieder hart auf hart geht, dann brauchen wir etwas hinter uns."
„Ich wundere mich, daß du so redest, Konrad. Was habt Ihr Hartogs denn vom Staat gehabt? Genau besehen – zwei Pleiten."
„Du siehst es falsch. *Hartog* – das klingt, die Firma kennt man. Aber woher kommt das Besondere – verzeih, ich will uns nicht loben, ich stell nur fest: Wir waren so etwas wie eine nationale Einrichtung. Und deshalb kennt man uns auf

der ganzen Welt. Wir haben mehr gemacht als nur Geschäfte."
„‚Baby Dolls' von gestern", warf Bruster hin.
„Richtig – ‚Baby Dolls'. Wir gaben sie dem Staat. Wenn er damit Blödsinn machte – sind wir dafür verantwortlich? Sie haben es behauptet. Weißt du, was ich neulich bei uns einem Schweden gesagt habe, der einen Rappel bekam und die ollen Nachkriegskamellen aufwärmen wollte? War Ihr Kreuger schuld, habe ich gesagt, wenn jemand mit seinen Zündhölzern Feuer legte?"
„Na ja", sagte Bruster, „mit ‚Baby Doll' werden wir uns aber kaum unsere Zigaretten anzünden, was man mit Zündhölzern doch immerhin tun kann. Aber ich seh schon, du willst die Suppe auslöffeln, die uns Hoff einbrockt."
„Wir wollten es doch", entgegnete Hartog, „und ich tu's nach wie vor. Du nicht?"
Bruster antwortete nicht. Ist doch komisch, dachte er, diese Hartogs, seit hundert Jahren suchen sie immer das größte Risiko.
Hartog lächelte wieder, nicht maliziös, aber doch ein bißchen von oben herunter, Bruster gefiel es gar nicht.
„Ich weiß, was du denkst", sagte Hartog, „du denkst, wir lernen es nie."
„So würde ich's nicht sagen. Immerhin habt ihr ja ganz schöne Geschäfte gemacht."
„Ach, Geschäfte", sagte Hartog.
„Mir paßt verschiedenes nicht", meinte Bruster und schloß die Tür seines Zimmers auf, „zu viel Richtung."
„Zu wenig Richtung ist auch nichts", erwiderte Hartog.
„Die Hose hängt noch nicht am Bett", sagte Bruster. „Ich beschlaf's noch mal. Was machst du heute abend?"
„Ich ...", sagte Hartog, „ich muß noch diktieren, ich habe mir einen Berg Post mitgenommen."
So verabschiedete er sich, um zu Rosemarie zu fahren. Bruster ging in sein Zimmer und ließ sich mit Nakonski verbinden. Keine Antwort. Auch Schmitt antwortete nicht. Nach einem erfolglosen Versuch, Killenschiff zu erreichen, ließ er sich mit Kleie verbinden.
„Sind alle gestorben?" fragte er.
„Die Herren sind ins Kino."

„Alle?"
„Herr Hartog nicht."
„Weiß ich", sagte Bruster. „Was wird denn gespielt?"
„Die Herren sind ins Delphi, *Die weiße Sklavin.*"
Bruster bestellte ein Taxi, um sich ins Delphi fahren zu lassen. Als er aus dem Lift trat, sah er gerade noch, wie Hartog das Hotel verließ.
Sieh mal an, dachte Bruster, er hat mich angeschwindelt.

Der nächste Tag war einmal nicht verregnet. Vom Bett aus sah Hartog blauen Himmel. Die Zentrale verband ihn mit seinem Frankfurter Generalvertreter, bei dem er eine Besprechung absagte, und dann mit Essen 768053. Die gnädige Frau sei schon weg, hieß es, Golf spielen. „Grüßen Sie", sagte er, „ich rufe gegen Abend wieder an." Rosemaries Nummer wählte er selbst. „Fahren wir ein bißchen hinaus, ich bin gegen zwölf bei dir."
„Was soll ich anziehen?" fragte sie. Die Frage war überflüssig, sie wußte die Antwort im voraus. Sie besaß ein einziges Kleid, das ihm wirklich gefiel, ein einfaches, teures graues Kostüm, das er ihr gekauft hatte.
Er telefonierte noch zehn Minuten mit London, dann machte er eine Stunde und fünfzig Minuten Ferien zwischen Erwachen und Bad. Er verbrachte die Zeit mit Nichtstun. Solche Pausen kultivierte er. Der Zentrale hatte er gesagt, sie dürfe nichts und niemanden verbinden. Er öffnete das Fenster, der Straßenlärm brach über ihn herein, er schloß es wieder. Er warf das Kopfkissen auf den Boden und legte sich flach und gerade ausgestreckt aufs Bett. Ich will an nichts denken, dachte er. Da störte ihn das Sonnenlicht. Er stand wieder auf und zog den hellen leichten Vorhang zu. Als er sich wieder ausgestreckt hatte, fand er es immer noch zu hell, und er schloß nun auch die schweren dunkelroten Vorhänge. Nun war es dämmerig, fast dunkel im Zimmer.
An nichts denken, sagte er sich. Aber er dachte, daß er an nichts denken wollte. Je mehr er sich bemühte, an nichts zu denken, desto bewußter wurde ihm seine Bemühung. Geht heute nicht, dachte er, Maschine läuft. Wenn ich schon nicht denken kann, will ich mir wenigstens etwas in Ruhe überlegen. Rosemarie ..., warum eigentlich? Sie wird be-

stimmt eines Tages lästig. Ich sollte sie wieder abschaffen. Wirklich schön war es nur beim erstenmal. Nein, das ist nicht wahr. Heute nacht …
Plötzlich stand die Maschine, ohne daß er es gewahr wurde, in seinem Kopf still. Er schlief nicht, er wachte nicht, er schwebte, er lag still und entspannt auf dem Bett, das nicht zu hart und nicht zu weich war, und wiederholte die Nacht und kehrte erst ins Dasein zurück, als das Telefon ein rücksichtsvolles schwaches Läuten von sich gab und ihm das Fräulein von der Zentrale sagte, nun sei es halb zwölf.
Sie fuhren nach Wiesbaden. Unterwegs sagte sie: „Laß mich doch mal fahren."
„Willst du uns ermorden?" entgegnete er.
Sie öffnete ihre Handtasche und förderte einen Führerschein zutage; einen mit ihrem Namen, mit ihrem Bild versehenen Führerschein. Er war drei Tage alt. Hartog lenkte aus der Fahrbahn und hielt.
„Ziemlich jung", sagte er.
„Meinst du das Foto?"
„Das Ausstellungsdatum. Was hast du gefahren – VW?"
„Mercedes 180."
„Wenigstens dieselbe Familie. Also probier's. Aber langsam. Keinesfalls über sechzig."
Sie wechselten die Plätze.
Rosemarie lenkte den 190 SL in den Verkehr und hielt das Steuer so fest wie alle Anfänger. Aber sie fuhr. Hartog blickte sie von der Seite an.
„Küß mich", sagte sie.
„Ich werde den Teufel tun", sagte er.
„Hast du Angst?" fragte sie und gab Gas. Der Wagen schoß vorwärts.
„Du bist verrückt", herrschte er sie an, zog mit der Linken die Handbremse, griff mit der Rechten ins Steuer. Ihre Köpfe berührten sich. Jetzt küßte sie ihn. Sie war wie betrunken. Ein verwirklichter Wunschtraum – das Auto kam über sie mit seiner Macht.
Die Straße war leer, er überließ ihr wieder das Steuer. Sie beschleunigte nun vorsichtiger. 60 – 70 – 80. „Mehr als genug", sagte Hartog.
Sie war in ihn verliebt. Liebe geht durch den Wagen. Sie

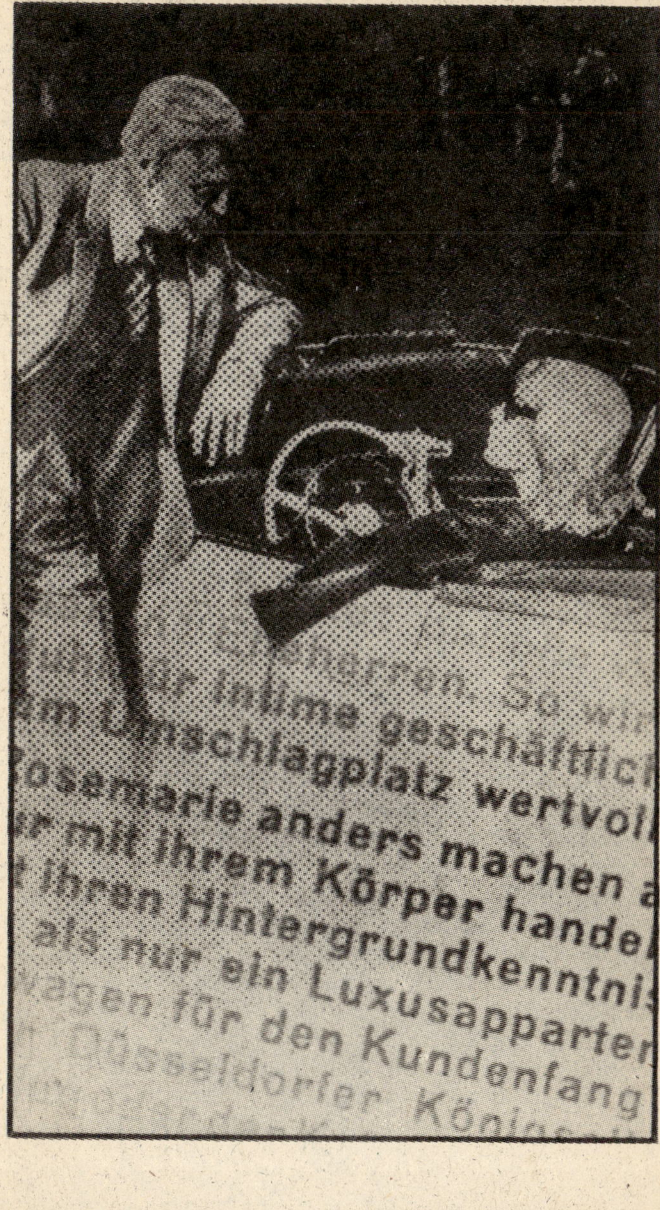

schlagplatz wertvol
anders machen
mit ihrem Körper hande
ihren Hintergrundkenntnis
als nur ein Luxusapparten
gen für den Kundenfang
Düsseldorfer König

fühlte die Maschine, ihre Kraft; sie war außer sich und einmal ohne Berechnung.
„Ich kann's doch wirklich, siehst du. Martin hat es auch gesagt."
Der Motor fiel ab.
„Vielleicht schaltest du gelegentlich", sagte er, „wer ist Martin?"
„Der Fahrlehrer."
„Ach", sagte Hartog. Er wurde mit einem Schlag schlechter Laune. Vor Wiesbaden übernahm er wieder das Steuer.
„Du könntest wenigstens sagen, daß ich's kann", sagte sie.
„Du kannst gar nichts. Aber du wirst es lernen, du hast Talent. Und der Wagen steht dir."
Sie las den Kilometerstand ab. „32000", sagte sie, „wenn er ganz alt ist, schenkst du ihn mir dann? Wenn du einen neuen kaufst?"
„Was würdest du denn damit tun?" sagte er.

Sie fuhren zu den Tennisplätzen am Rande des Kurparks, bei denen ein kleines Gartenlokal liegt. „Da ist es immer ganz still wochentags", hatte Hartog gesagt. Als sie ankamen, hatten sie Mühe, einen Platz zu finden, den Wagen abzustellen.
„Das nennst du still?" sagte sie.
Das Lokal bestand aus einem Innenraum, einer offenen und einer überdachten Terrasse. Der Innenraum war leer, auf der offenen Terrasse sei kein Platz mehr frei, sagte ein Kellner; unter dem falschen Strohdach fanden sie einen Tisch an der Rückwand. Auf den Plätzen wurde gespielt, die Gäste des Lokals aber waren mitnichten Tennisspieler.
„Was die Komisches anhaben", sagte Rosemarie.
Hartog drehte sich um. Auf der offenen Terrasse sah er rote und schwarze Reitröcke. Einen der schwarzen Röcke trug seine Schwester. Sie blickte herüber und nickte ihm zu.
„Ach du großer Gott", sagte er, „das habe ich vergessen. Ist heute der 21.?"
„Bekannte?" fragte sie.
Er hörte sie gar nicht. „Entschuldige, ich muß guten Tag sagen, bestell für mich, was du willst, nur keinen Fisch."
Er erhob sich, draußen stand Marga auf, sie begegneten sich

auf halbem Weg.
„Ich hatte dir eine Einladung geschickt", sagte Marga.
„Ich weiß", erwiderte er, „aber ich habe nicht daran gedacht, daß heute der Tag ist. Entschuldige! Ihr habt Glück mit dem Wetter. Wann geht's denn los?"
„Um halb drei wollen wir oben sein. Du kannst noch in Ruhe essen. Oder kommst du etwa überhaupt nicht?"
„Ich ...", sagte er.
„Ja, du. Und nur du, das ist wohl selbstverständlich. Ist das diese Person? Na ja, ich werde Männer nie begreifen. Wie wirst du sie jetzt los?"
„Hättest du einen Platz in deinem Wagen?"
„Es wäre noch Platz für dich. Aber du bist doch wohl nicht mit der Straßenbahn hier?"
„Nein. Aber wenn ich sie loswerden will, muß ich ihr den Wagen geben."
„Den Roadster, den nicht einmal Adelheid fahren darf?" sagte Marga. „Ist das dein Ernst?"
„Nun sei friedlich", sagte Hartog, „ich mute sie dir ja nicht zu."
„Daran tust du gut."
„So kenn ich dich gar nicht."
„Aber ich kenn dich. Diese Person ist dir über."
„Was soll das?" sagte Hartog.
„Du wirst es erleben", sagte sie, „sie ist eiskalt."
„Sagen wir um zwei an deinem Wagen", sagte Hartog.

Hartog kehrte zu seinem Tisch zurück. „Hast du bestellt?" Sie hatte einen Kognak vor sich. „Nein", sagte sie.
„Das hättest du ruhig tun können, es wird sowieso lange dauern bei dem Betrieb, bis wir etwas bekommen."
„Wir haben ja Zeit", sagte sie.
Ohne auf die Karte zu schauen, sagte er zum Kellner: „Zweimal das Menü, eine halbe Flasche trockenen Sekt und eine Karaffe schwarzen Johannisbeersaft, dazu zwei Portwein-Gläser zum Mischen."
Der Kellner, notierend, wiederholte die Bestellung.
„Zwei Johanna", sagte er.
„Die Dame sieht gut aus", sagte Rosemarie.
„Meine Schwester."

Einem Ausbruch nahe, wiederholte Hartog: „Sie ist meine Schwester. Ihr Klub hat heute ein Frühjahrsreiten im Taunus. Ich war eingeladen, das habe ich vergessen."
Der Kellner servierte die Suppe, die sie schweigend aßen.
Schließlich sagte Rosemarie: „Ist deine Schwester verheiratet?"
„Sie war es."
„Geschieden?"
„Gefallen", log er und deckte Marga instinktiv.
„Da hat er Glück gehabt."
Hartog traute seinen Ohren nicht.
„Was sagst du?"
„Es geht mich ja nichts an, aber das ist eine eiskalte Dame, deine Schwester, ich bin froh, daß du nicht so bist. Was hat sie denn gesagt?"
„Worüber?"
„Über mich."
„Wir haben nicht von dir gesprochen."
Rosemarie lachte. „Na schön", sagte sie, „das ist deine Sache. Verpetzt sie dich bei deiner Frau?"
„Erstens tut sie das nicht, und zweitens weiß sie gar nichts von uns."
„Die weiß alles. Nimm dich in acht."
„Ich bitte dich, laß uns von etwas anderem reden."
„Wie du willst. Aber du hast doch noch was – komm raus damit."
Er sah sie an; ihr Blick blieb auf dem Messer, mit dem sie ein Stück Kalbsbraten schnitt, das nach nichts schmeckte. Sie hielt das Messer mit allen fünf Fingern. Ihr Gesicht hatte einen bösartigen Ausdruck. Hartog wollte einlenken, aber er fing es falsch an.
„Dieser Martin hat ganz recht, du hast Talent zum Fahren."
Rosemarie hörte nur die Betonung, mit der Hartog den Namen aussprach.
„Kannst du Ski fahren?" fragte sie.
„Ja", sagte Hartog erstaunt, „nicht so gut wie Marga, aber ..."
„Ihr seid sicher oft im Gebirge gewesen – St. Moritz, Kitzbühel – wie? Und wie heißen eure Skilehrer? Sepp und Schorsch? Hat deine Schwester es mit ihnen getrieben?"

„Halt den Mund", sagte Hartog und blickte sich um.
„Ich will nur sagen, ich hab's mit Martin auch nicht getan. Die anderen haben ihn auch so genannt. Nicht Herr Kollaps oder wie er heißt. Willst du den Pudding noch essen, oder wollen wir gehen?"
„Du kannst den Wagen fahren", sagte Hartog.
„Du läßt mich fahren?" fragte sie mißtrauisch.
„Meine Schwester möchte, daß ich mit hinauffahre ..."
„Wo hinauf?"
„Ich sag dir doch, sie haben ein Reitfest im Taunus, es kommen ein paar Leute hin, die ich sprechen müßte, um halb sechs könnten wir uns hier wieder treffen ..."
„So ist das", sagte sie.
„Such dir Straßen aus, auf denen nicht soviel Betrieb ist."
„Deine Schwester nimmt dich mit?"
„Ja."
„Wie heißt das, wo sie reiten?"
„Arnoldsheim."
Hartog bezahlte, sie gingen zum Wagen.
„Ich glaube, du mußt tanken." Er gab ihr den Schlüssel und fünfzig Mark. „Um sechs wieder hier? Ja?"
„Muß dir verdammt viel daran gelegen sein, mich loszuwerden", sagte sie und stieg ein. Er ging in das Lokal zurück.

Ein buntes Zelt war mitten in der Landschaft bei Arnoldsheim aufgeschlagen. Unter seinem Vordach wurden Getränke verkauft. Korbstühle standen auf der Wiese, sogar Sonnenschirme hatte man hergebracht. Start- und Zielband waren aufgespannt, die Fähnchen, welche die Strecke bezeichneten, verschwanden in einer Waldschneise hangaufwärts und kamen an anderer Stelle wieder hervor. Unterhalb des Zeltes standen die Wagen. Große Transporter waren aufgefahren, welche die Pferde gebracht hatten, vierzig oder fünfzig.
Eine halbe Stunde vor Beginn des Rittes – nur ein Geländereiten mit leichten Hindernissen – waren die meisten der Teilnehmer schon aufgesessen; sie bewegten ihre Pferde oder bildeten kleine Gruppen und unterhielten sich. Das Licht dieses Mainachmittags floß spiegelnd über die glänzenden Leiber der teuren Tiere und wurde von dem stumpfen

schwarzen und roten Tuch, vom Samt der Kappen aufgesaugt. Man hätte glauben können, und vielleicht war es auch so, daß einzelne der Reiterinnen ihre Pferde nach ihrer Haarfarbe ausgesucht hatten. Erika Schmitt, dieselbe, die noch vor wenigen Jahren Kaffee auf der Industriemesse ausgeschenkt hatte, ritt zu ihrem roten Haar einen jungen Fuchswallach, Marga, deren Haare schwärzer waren als ihr Dreß, die Rappstute Stella.
Vom „Isoliermattenkartell“ waren Schmitt, Bruster, v. Killenschiff und nun auch Hartog mit von der Partie, aber nur Killenschiff ritt. Sein Pferd stand ihm so gut wie Rosemarie der Sportwagen. Wallnitz' jüngste Tochter, die noch nicht mitreiten durfte, fragte Bruster: „Sie reiten nicht?“
„Nee, liebes Fräulein, ich bin ein Tierfreund, mich bringen keine zehn Pferde auf einen Gaul. Wollen wir mal Ihrer Frau Mutter guten Tag sagen?“
Frau Wallnitz saß schon eine Weile mit Hartog in angeregter Unterhaltung unter einem Sonnenschirm. Jetzt holt er sie aus, dachte Bruster. Sein Glas in der Hand, stapften sie über die Wiese, die zierliche kleine Jutta Wallnitz neben dem gewaltigen Bruster. „Na, ihr Hübschen“, sagte er und ließ sich in den nächsten Stuhl fallen, „hier ist wenigstens Schatten. Weißt du, wann das losgeht“, fragte er Hartog, „deine Schwester ist doch der Chef vom Ganzen, du mußt doch Bescheid wissen.“
„Ich weiß gar nichts“, erwiderte Hartog, „ich traf Marga zufällig im Kurpark, sonst wär ich nicht hier.“
„So etwas geht nie an, solange man darauf wartet“, sagte Frau Wallnitz, „und wenn man aufhört zu warten, dann ist es schon vorbei, bevor man es richtig merkt.“
„Sie waren nicht mit in Moskau?“ fragte Hartog und kehrte zu ihrem Gespräch zurück.
„Diesmal nicht“, sagte Frau Wallnitz, „aber das nächste Mal werde ich mitkommen. Es muß großartig gewesen sein. Aber Sie wissen es ja, Sie waren doch schon im vorigen Jahr dort?“
„Nein, leider nicht“, sagte Hartog.
Jetzt fiel es ihr erst wieder ein, es hatte da doch irgendwelche Schwierigkeiten mit Hartogs Reise gegeben, wie war das doch gewesen?

Bruster enthob sie ihrer Verlegenheit: „Ich hab da neulich mit der russischen Botschaft in Bonn verhandelt, und wissen Sie, was mein Eindruck ist – und ich glaube, Ihr Gemahl wird das bestätigen: Das einzige, was denen imponiert, ist ein richtiger deutscher Kapitalist. Du bist ja auch einer, Konrad, aber du bist zu fein. Grober Klotz, grober Keil, haha."
Hartog antwortete nicht.
„Ihre Schwester sieht aber wieder fabelhaft aus", sagte Frau Wallnitz, das Thema Moskau zu Brusters Bedauern verlassend. Marga ritt gerade quer über die Wiese auf den Start zu. Eine Glocke ertönte, es schien ernst zu werden. „Ihre Frau ist nicht da?"
„Nein, leider", sagte Hartog. „Frau von Rahn hatte uns eingeladen, aber ich hatte die Einladung verschludert."
Bruster dachte: Hochgestochener Affe; nennt seine Schwester Frau von Rahn.
„Ich glaube, es geht los", sagte er, „wollen doch mal hingehen."
Auch andere Schlachtenbummler verließen die Zeltbar und die Stühle und gingen schräg über den Hang dorthin, wo sich die Reiter nach ihren Startnummern formierten. Man hatte einen weiten Blick über die hellgrünen Wälder des Taunus, in einiger Entfernung wölbte sich die zugleich zarte und kräftige Kammlinie des Feldberges empor, von einigen plumpen Türmen, die Sendestationen beherbergten und viel zu groß für ihn waren, verunstaltet. Ein Stück weit konnte man auch den Weg verfolgen, der bis zu den parkenden Autos führte. Auf ihm näherte sich, Staub aufwirbelnd, ein Auto.
„Ist doch ein hübsches Bild", sagte Hartog, „es geht nichts über einen deutschen Frühling."
„Ich weiß nicht", sagte Schmitt, der sich zu der Gruppe gesellte, „die Farrenbachs sind vor acht Tagen aus Japan zurückgekommen, sie waren zur Kirschblüte dort, was die erzählen, danach muß es toll gewesen sein."
Eine Lautsprecherstimme ertönte, die ersten Reiter gingen ab. „Da wollen wir uns aber mal beeilen", sagte Schmitt. Er wollte seine Frau reiten sehen, er hatte ein Fernglas mitgebracht. Erika hatte Mut, sie ritt nicht besonders gut, aber

kühn, im Galopp wehten ihre roten Haare unter der Kappe hervor, sie ließ dem Wallach seinen Willen, von einem bestimmten Moment an blieb ihr bei solchen Ritten meistens nichts anderes übrig, als sich im Sattel zu halten. Verglichen mit Margas Reitkunst war es die reine Stümperei, aber Schmitt hatte keine Ahnung vom Reiten, er sah nur das blitzäugige Geschöpf auf dem dahinstürmenden Pferd und dachte: Na, warte, heute nacht. Er besaß, als stünde die Zeit für ihn still, jene Unverwüstlichkeit, der etwas Unanständiges anhaftet, so daß man sie kaum zu rühmen wagte.
Bruster beeilte sich nicht. „Lauft nur", sagte er, „ein alter Mann ist kein D-Zug." Er blieb sogar stehen und wischte sich mit dem Taschentuch die Stirn ab. Dabei sah er den Hang hinab und erblickte einen beigefarbenen Sportwagen, in dem eine Dame saß. Sie lenkte das Fahrzeug auf den improvisierten Parkplatz und hielt. Merkwürdigerweise stieg sie nicht aus. Die Chauffeure der Transportwagen, die bei ihren Fahrzeugen herumgelungert hatten, wurden aufmerksam. Könnte Hartogs Wagen sein, dachte Bruster. Und dann: Die hab ich doch schon mal gesehen.
Jetzt stieg die Dame aus, konnte sich aber offenbar nicht entschließen, wohin sie sich wenden sollte. Bestimmt hab ich die schon mal gesehen, dachte Bruster. Statt zu den Pferden hinauf, ging Bruster den Hang hinunter. Im Klub ist sie nicht, war sein nächster Gedanke, als er nahe genug war, ihr Gesicht zu erkennen. Jetzt konnte er auch die Wagennummer lesen. Es war tatsächlich Hartogs Wagen.
Wagen und Kostüm täuschten Bruster keinen Augenblick. Daß er das Mädchen aus dem Hotelhof vor sich hatte, wurde ihm allerdings noch nicht klar. Aber es gefiel ihm jetzt nicht minder. „Suchen Sie jemand?" fragte er.
„Nein – ja", sagte Rosemarie, „ist hier das Reitfest?"
„Sehen Sie die Tiere da oben, Fräulein?" sagte Bruster, „das sind Pferde. Ein paar davon kosten soviel wie der Wagen, mit dem Sie gekommen sind."
Sieh mal an, dachte Bruster, Hartog hat sich diese Puppe angelacht. Und gibt ihr seinen Wagen. Aber doch bestimmt nicht dafür, daß sie hier aufkreuzt. Soll ich ihm helfen oder soll ich ihn reinschliddern lassen? Seinem Instinkt folgend,

beschloß Bruster, Hartog das Auftreten dieses Mädchens im Klub zu ersparen.
„Was wollen Sie nun wirklich?“ fragte er.
„Wie sprechen Sie denn mit mir?“ sagte Rosemarie.
Bruster, dessen Stimme meist weithin zu hören war, mäßigte sie nun mit Rücksicht auf die Chauffeure; er glaubte zu flüstern, als er sagte: „Nun mach keine Zicken.“
Rosemaries Reaktion zeigte Bruster, daß er den richtigen Ton angeschlagen hatte.
„Wer sind Sie überhaupt?“ maulte sie.
„Ich bin der Präsident“, sagte Bruster. Er war weder der Präsident des Reitklubs noch eines anderen Klubs, noch überhaupt irgendein Präsident, aber er sah aus, wie sich Rosemarie einen Präsidenten vorstellte, und er benahm sich ebenso. Er imponierte ihr.
„Ach so“, sagte sie.
„Ja“, sagte er.
Sie blickten sich an. Da waren keine Umwege nötig.
„Haben Sie auch eine Fabrik?“ fragte Rosemarie.
„Nicht zu knapp“, sagte Bruster.
„Da haben Sie sicher viel zu tun“, sagte sie.
„Allerhand viel“, sagte Bruster, „aber schließlich ist man auch ’n Mensch.“
„Ich will da rauf“, sagte Rosemarie.
„Nee“, sagte Bruster, „kommt nicht in Frage. Was machen wir denn mit dir? Hier mußt du erst mal weg, das ist hier nur für Mitglieder. Nun fahr mal wieder da hin, wo du hergekommen bist, das ist bestimmt besser für alle Beteiligten. Los, mach schon!“
Rosemarie ging die paar Schritte bis zum Wagen und stieg ein. Sie hatte sich ihren Auftritt anders vorgestellt, soweit sie sich überhaupt etwas vorgestellt hatt; ihre Absicht war gewesen, Hartog zu beweisen, daß er sie nicht einfach wegschikken konnte. Sie fuhr rückwärts aus der Reihe heraus. Mit überraschender Gelenkigkeit hockte Bruster sich neben dem niederen Wagen auf seine Fersen und legte die Arme auf den Schlag. „Ich hab dich schon einmal gesehen“, sagte er, „ich weiß bloß nicht wo. Bist du in Frankfurt?“
„Ja.“
„Dauernd?“

„Ja."
„Hast du Telefon?"
„Ja."
Bruster zog einen Notizblock, in grünes Leder gebunden, und einen Kugelschreiber aus der Brusttasche. „Wie ist die Nummer?" fragte er, „vielleicht ruf ich mal an."
Rosemarie überlegte einen Augenblick. Warum sollte sie nicht? „Gib her", sagte sie.
Rosemarie fuhr ins Tal, Bruster stieg gemächlich den Hang hinauf. Ob man sie von oben beobachtet hatte? Wenn nicht, war er entschlossen, vorerst den Mund zu halten. Er war ein guter Taktiker. Wenn es ihm in zehn Jahren gelungen war, die ABRUDA-Werke aufzubauen aus einem zerschlagenen 800-Mann-Betrieb, und wenn er trotz des enormen Wachstums der Firma ihr alleiniger Herr geblieben war, so lag es unter anderem daran, daß er sich seine Trümpfe aufheben konnte für den richtigen Augenblick.
Die erste Gruppe hatte das Ziel bereits erreicht. Die letzte wurde gerade auf die Strecke geschickt. Die allgemeine Aufmerksamkeit galt dem Ritt, und niemand schien seine Abwesenheit bemerkt zu haben. Er stellte sich hinter zwei Damen, von denen die eine gerade sagte: „Aber dafür jedesmal nach München?"
„Ich sage Ihnen, es lohnt sich", antwortete die andere, „kein Mensch würde glauben, daß das alles Jacketkronen sind." Sie hob ein wenig die Oberlippe und zeigte ihr untadeliges drittes Gebiß.

Mit Alfons Brusters erstem Besuch bei Rosemarie, der schon eine Woche später stattfand, begann der zweite Teil ihres sozialen Aufstieges in die oberen Industriekreise unseres Landes. Er rief sie an, als ihm plötzlich mitten in einem Diktat einfiel, wo er sie das erstemal gesehen hatte. Er konnte Frankfurt neuerdings von seinem Schreibtisch aus durchwählen. Die Errichtung eines vollautomatischen Telefonbetriebes in jenen kurzen Jahren, in denen wir in diesem Jahrhundert weder einen Krieg geführt noch einen verlorenen beklagt, noch unsere nationale Leistungskraft in der Vorbereitung eines neuen erschöpft haben und dergestalt in der Lage waren, einen bescheidenen zivilisatorischen Fortschritt

zu erzielen, der auch im Telefonwesen Ausdruck fand – diese Einrichtung kam in der mobilen Gesellschaft jenen Männern zugute, deren Frauen, wie unter anderen Frau Bruster II, mißtrauisch und findig genug waren, die monatlichen Abrechnungen des Telefonamtes durchzuschauen. Vier Wochen früher wäre eine gewisse Frankfurter Nummer noch in Hartogs wie in Brusters Telefonrechnungen erschienen, jetzt erhöhten die Gespräche mit Rosemarie nur die Zahl der erfreulich neutralen „Einheiten". Beim ersten Versuch hatte sich in Frankfurt niemand gemeldet. Beim zweiten, ein paar Stunden später wiederholt, meldete sich Rosemarie.
„Bist du das?" fragte Bruster.
„Ja."
„Bist du allein?" fragte er.
„Wer sind Sie denn?" kam es zurück.
Er lachte. „Der Präsident", sagte er.
„Ach so", sagte sie. Sie war im Bilde.
„Ich weiß jetzt, woher ich dich kenne. Erinnerst du dich?"
„Nein", sagte sie.
„Kannst du auch nicht. Aber du bist mir fünf Mark schuldig."
„Ihnen?"
„Palasthotel. Was wolltest du eigentlich dort im Hof? – Hallo, bist du noch da?"
„Sie waren das ...?"
„Ich war's. Du hast mich versetzt. Das mußt du ausbügeln. Ich bin morgen in Frankfurt, hast du Zeit?"
„Wann denn?"
Bruster blätterte seinen Terminkalender auf. „Sagen wir um drei."
„Ja", sagte sie.
„Und wo?"
Sie überlegte. Hartog hatte sie am Morgen angerufen, er tat es in unregelmäßigen Abständen, mal am Tage, mal nachts. Heute hatte er gesagt, er würde vielleicht in der nächsten Woche in Frankfurt sein. Wenn er aber ganz plötzlich seine Absicht änderte?
„Bei mir", sagte sie, „aber rufen Sie mich um halb drei noch mal an."
„Adresse?"

„Die geb ich Ihnen dann.“
Da war wieder die Vorsicht, das Sichernde, das Bruster schon an dem Blick erkannt hatte, mit dem sie sich im Hof des Hotels umgesehen hatte.
„Ist gut, Kindchen“, sagte er und hängte ein.

„Drei Treppen und kein Lift“, sagte er kurzatmig und trat ein. Das war seine Begrüßung. Er hängte den Hut an der Garderobe auf, als habe er ihn schon oft dorthin gehängt, und trat vor ihr ins Zimmer.
„Hätt ich gar nicht gedacht“, sagte er sich umblickend, zündete sich eine Zigarette an, sah sofort den Aschenbecher auf dem Bord über der Couch, warf das Zündholz hinein, öffnete die zweite Tür des Zimmers, sagte: „Ein Bad, na also“, und setzte sich dann in einen der beiden mit Plüsch überzogenen Stühle, die mit dem runden Tisch und der Couch im Laden eine Garnitur gebildet hatten. Die Möbel sahen immer noch aus, als stünden sie im Schaufenster.
Wenn er jetzt gesagt hätte: Nun zieh dich schon aus, hätte sie es getan. Aber er sagte es nicht. Er sog an der Zigarette, es sah aus, als kaue er den Rauch, hob die Absätze etwas von dem falschen Perser und wippte mit den abgespreizten Knien. Er schaute sie an, zum erstenmal, seitdem er die Wohnung betreten hatte, und grinste. Er ließ ein behagliches Brummen hören.
„Wollen Sie etwas zu trinken?“ sagte sie. Sie glaubte es dieser Wohnung schuldig zu sein, fürs erste Sie zu ihm zu sagen.
„Kommt drauf an, was du hast.“
Sie ging in die Küche und kam mit einem Tablett wieder, auf dem zwei Gläser, ein trockener Wermut und ein Tellerchen mit zwei Zitronenscheiben standen. Als sie ins Zimmer trat, saß er auf der Couch und telefonierte. Er nannte Preise; sie hörte: cif Hamburg, und als er fertig war, sagte sie: „Haben Sie mit Hamburg gesprochen?“
„Nein“, sagte er, „war nur ein Ortsgespräch.“ Er legte eine Mark neben das Telefon. Das gefiel ihr. Sie schenkte den Wermut ein.
Er trank, ohne ihr Zeit zu lassen, ebenfalls das Glas an den Mund zu führen. „Sogar kalt“, lobte er.

Er hatte bisher den Eindruck gemacht, als würde er plötzlich aufspringen, seinen Hut nehmen und wieder gehen. Nun setzte er sich zum zweitenmal in den Stuhl, griff nach ihr und sagte: „Nun setz dich mal hin." Sie tat es gehorsam.
„Ich seh gern klar", sagte er, „wenn's mit uns klappt, komm ich öfters. Aber ich muß wissen, bei wem ich hier bin."
„Sie wissen doch, wie ich heiße", erwiderte sie.
„Weiß ich", sagte er. „Es steht ja an der Tür. Aber das sagt gar nichts."
„Wieso?"
„Ich wett meinen Kopf gegen einen alten Hut, daß du die Wohnung noch nicht gehabt hast, wie ich dich im Hof gesehen habe. Wie lange ist das her? Vier Wochen ...?"
„Fünf."
„Der ganze Kram hier ist doch neu. Alles Tinnef, kostet aber doch Geld."
„Das ist doch meine Sache."
„Gewiß, Kindchen, aber ich will keine Komplikationen. Das hat doch einer bezahlt, ist doch klar, alle Achtung. Wo warst du denn vorher?"
Sie zuckte mit den Schultern.
„Na siehste", sagte er, „mal da, mal dort, und irgendwo 'ne Schlafstelle, damit die Polizei zufrieden ist. Und plötzlich hier die ganze Pracht. Da hast du Glück gehabt."
Bis dieser Dicke bei ihr auftauchte und so tat, als sei er weiß Gott wie oft schon hier gewesen, hatte sie in dieser Wohnung so einsam gelebt wie nie zuvor in ihrem Leben. Die einzigen Worte, die sie in diesen Wochen sprach, wechselte sie in den Geschäften, in denen sie einkaufte, mit den Angestellten. Sie ging nicht mehr auf den Strich, und der einzige, mit dem sie eine Art Verhältnis unterhalten hatte, der Garagist aus dem Palasthotel, wußte nicht, wohin sie verschwunden war. Sie war nie gesprächig gewesen, aber meistens beschäftigt, wenn sie nicht schlief. Sie hatte wenig verdient, bevor Hartog kam. Oft genug war es kein Bett gewesen, sondern eine Bank, ein Treppenhaus. In Frankfurt war sie noch nicht lang.
Hartog hatte sich noch keine Gedanken darüber gemacht, was sie eigentlich tat, wenn er nicht da war. Wenn er am Telefon einmal fragte: Was hast du gemacht? sagte sie: Ich war

beim Friseur, oder: Ich war schwimmen, oder: Ich war im Kino.
Öfter als zweimal in der Woche zum Friseur zu gehen erschien ihrem haushälterischen Sinn unnötig; ins Schwimmbad ging sie regelmäßig, weil ihr Hartog gesagt hatte, es gebe für die Figur nichts Besseres; aber ins Kino ging sie nicht gern. Es strengte ihre Augen an, und sie verlor leicht den Faden der Handlung, wie es ihr überhaupt schwerfiel, Vorgängen Aufmerksamkeit zu schenken, die sie nicht persönlich betrafen. So hatte sie also viele Stunden und viele Abende verbracht, in denen sie nur in ihrer Wohnung gesessen, Staub gewischt hatte, wo kein Staub lag, Ordnung gemacht hatte, wo nichts zu ordnen, Radio gehört, wo nichts zu hören war, was sie interessierte, und sich über die Veränderung ihres Lebens gewundert. Als Bruster jetzt sagte: Du hast Glück gehabt, war es ihr aus der Seele gesprochen. Und erst dadurch, daß ein anderer es aussprach, dieser Mann, der da vor ihr saß und etwas von ihr wollte, auch ein reicher Mann, vielleicht reicher als Hartog, dachte sie –bemerkte aber im Lauf der nächsten Wochen in denen sie viel lernen sollte, ihren Irrtum –, erst durch diese Bestätigung wurde das Glück, das ihr zugestoßen war, für sie greifbar, wurde wahr und wahrhaftig ihr Glück, und so hatte sie einen Augenblick vollkommener Aufrichtigkeit, als sie sagte: „Ja, das habe ich."
Bruster verband sich gern mit Menschen, die Glück hatten. Auch das war eine Ursache seines geschäftlichen Erfolges. Glück zu haben schien ihm eine Eigenschaft zu sein wie blaue Augen zu haben, beständig und unveränderlich; aber ebenso hielt er es für eine Eigenschaft, Pech zu haben oder gar Unglück, und wenn er bei einem seiner Mitarbeiter diese Eigenschaft vermutete, dann trennte er sich von ihm. Dieses Mädchen hatte Glück, und obwohl er, seitdem er es in Hartogs Auto gesehen hatte, nicht daran zweifelte, woher dieses Glück kam, und obwohl er natürlich wußte, daß es für Hartog ein Nichts bedeutete, ihr das Geld für diese Wohnung zu geben und sie auszuhalten, so beurteilte er das Glück doch nicht von dessen Seite aus; er sah es mit Rosemaries Augen. Da war ein großes, ein über alle Maßen großes Glück, ein Märchenglück, obschon es nichts weiter war als eine Einzimmerwohnung voller Hausgreuel.

„Hat er das alles gekauft?"
„Nein. Ich."
„Was hat er dazu gesagt?"
Hartog, der in seinem Haus kein unechtes Möbelstück geduldet hätte, hatte nichts dazu gesagt. Vielleicht hielt er diese Scheußlichkeiten für die angemessene Inszenierung dieses Verhältnisses.
Bruster genoß die Situation. Er, der keinen Geschmack besaß, aber dank seiner Fähigkeit, spontan zu wissen, ob Dinge das Geld wert waren, das für sie verlangt wurde, ein empfindliches Qualitätsgefühl entwickelt hatte – er hätte am liebsten die Fenster geöffnet und alles hinausgeworfen. Das war Konrad Hartogs Absteige und Doppelleben! Brusters Eifersucht, die er trotz seines eigenen, ihm von vielen geneideten Erfolges gegen Hartog als Unternehmer und Geschäftsmann empfand, kam hier auf ihre Kosten. Es war Eifersucht auf drei Generationen gesicherten Besitzes und selbstverständlichen Ansehens, auf einen Weltnamen und nicht zuletzt auf die Tatsache, daß Hartog, von dem kein lautes Wort kam, der Lärm haßte und in größerer Gesellschaft meistens schwieg, dennoch stets ihr Mittelpunkt war. Bruster, der nie in Hartogs Haus in Essen eingeladen worden war, fühlte sich hier gewissermaßen als sein Gast, und daß er es insgeheim war und schon allein seine Anwesenheit Hartog empfindlich geärgert hätte, ganz zu schweigen von der Möglichkeit, ihn mit seiner Privathure zu betrügen, versetzte Bruster in gute Laune. Es war ihm ein Blick hinter Hartogs Kulissen vergönnt, und was sah er? Möbel von der Stange, Bilder von Hirschmalern, Kitsch in Glas und Porzellan.
Auf dem Radiogerät stand ein Kunstwerk, das Rosemaries ganzer Stolz war: zwei Schleierschwanzfische, die durch vergoldetes Seegras schwammen. Bruster stand auf und nahm das Ding in die Hand.
„Gefällt ihm das auch?" fragte er.
„Von wem reden Sie denn?"
„Von Konrad Hartog."
Unverzüglich kam die intelligente Frage: „Weiß er, daß Sie hier sind?"
„Nee", sagte Bruster, „das weiß er nicht, und er braucht es auch nicht zu wissen. Woher kennst du ihn denn?"

Er stellte die Fische wieder auf ihren Platz; der Platz war durch ein rundes gehäkeltes Schondeckchen gekennzeichnet. Bruster dachte an sein Büro, das in jedem Film hätte mitspielen können. Er wäre erstaunt gewesen, wenn er Hartogs Büro in Essen gesehen hätte: Dessen Einrichtung aus schweren Mahagonischränken und einem unverrückbaren Schreibtisch stammte von 1873, und nichts war seither darin verändert worden außer den technischen Anlagen und der Beleuchtung.
Rosemarie antwortete nicht. „Na, laß mal", sagte er, „ist ja auch egal. Steht er auf dem kurzen Weg ins Haus?"
Rosemarie schüttelte den Kopf.
„Kommt wohl selten? Ist nicht gut, wenn man jemand wie dich viel allein läßt."
Da hat er recht, dachte Rosemarie.
„Da komm ich ja gerade richtig, oder? Wir könnten manchmal Vati und Mutti spielen ..."
Er hatte ihr zuviel Zeit gelassen, sich die Sache zu überlegen. Eine halbe Stunde früher hätte er sie noch überrennen können und die Geschäftsbedingungen diktieren. Jetzt nicht mehr. Sie saß, das eine Bein untergeschlagen, auf der Couch und schaute ihn abschätzend an. Er machte noch einen Versuch, den Herrn zu spielen, der einfach befiehlt. „Nun zieh dich schon aus."
Sie veränderte ihre Stellung nicht. „Wie stellst du dir das vor?" fragte sie.
„Sag wieviel?"
„Sag du!"
Sie hatte sich bis zu diesem Augenblick keine Summe überlegt. Sie überlegte auch jetzt nicht und sagte:
„Fünfhundert!"
Bruster lachte. „Wofür? Fürs Jahr, für'n Monat?"
„Für jedesmal, wenn du kommst." Bruster lachte und schlug sich auf die Schenkel. Dann hörte er auf zu lachen.
„Fünfhundert? Bezahlt das Hartog auch? Der ist ja verrückt. Hör mal, mir ist das Bett gar nicht so wichtig ..."
„Was willst du denn dann?"
Sie trug das graue Kostüm, die Jacke auf der gebräunten Haut, nur einen Büstenhalter darunter. Sie knöpfte die Jacke auf, zog sie aber noch nicht aus. Mal sehen, was er jetzt tut,

dachte sie.
Bruster stand sofort auf, beugte sich über sie und versuchte, die Jacke von den Schultern zu streifen. Sie machte sich los, brachte einen Stuhl zwischen sich und ihn.
„Ist ja lächerlich", sagte er.
„Ich denke, es ist nicht so wichtig?"
„Ist es auch nicht. Nun hör mal zu. Wir wollen doch vernünftig reden. Weißt du, ich brauch jemand, mit dem ich reden kann. Ich hab nicht die richtige Frau. Es ist die zweite, aber da war die erste noch besser. Sie versteht mich nicht. Aber sie behält alles. Sie hat ein Gedächtnis, zum Kotzen. Ich sag was, ganz harmlos, hab es längst vergessen, auf einmal knallt sie mir's auf'n Tisch. Ich denk manchmal, sie hat gar kein Hirn im Kopf, sondern 'ne Schallplatte oder 'n Tonband."
„Ein was?"
„So ein Ding zum Diktieren." Brusters rechter Zeigefinger beschrieb eine horizontale drehende Bewegung in der Luft. „Ich hab mich scheiden lassen, weil sie den Fisch mit dem Messer gegessen hat. Verstehst du – ich mein's nicht so wörtlich, es stimmte alles nicht mehr mit ihr, wie der Betrieb immer größer wurde und größer. Sie kam nicht mit. Die neue ißt den Fisch nicht mit'm Messer, sie war auf der Universität, sie kann drei Sprachen, aber eine kann sie nicht. Meine."
Rosemarie stellte die Gläser auf das Tablett und machte Miene, sie in die Küche zu tragen. Der will wirklich nur reden, dachte sie. Nach ihrer Erfahrung waren Männer, die reden wollten, zeitraubend, aber bequem. Zeit hatte sie in ihrer Lage mehr als genug. Vielleicht wäre sie auf dreihundert heruntergegangen, wenn Bruster sich aufs Handeln verlegt hätte, eine Summe, von der sie vor Hartog nicht zu träumen gewagt hätte. Amerikanische Soldaten hatten ihr manchmal nur die Getränke bezahlt und zehn Mark gegeben. Wie war ihr eingefallen, fünfhundert zu verlangen? Sie wußte es nicht. Sie wußte nur eins: Sie wollte nie wieder auf der Straße stehen und kein Geld haben. Der Dicke hatte Geld, das war sicher, er stank nach Geld. Und er handelte nicht. Er war nicht zum erstenmal bei einer Hure, er hatte die Mark neben das Telefon gelegt, und er legte jetzt fünf Hundert-

markscheine unter die Schleierschwanzfische auf das Häkeldeckchen.

Während der nächsten zwei Monate führte Rosemarie ein Leben von bürgerlichem Zuschnitt. Da sie von Hartog ihre festen Einnahmen bezog und er, wenn man so will, der Betrogene war, denn er ahnte nichts von Brusters Besuchen am Dornbusch, so könnte man sagen, er habe die Rolle des Ehemanns gespielt. Demnach wäre Bruster der Liebhaber gewesen, der einzige – ein durchaus bürgerliches Kontingent an Untreue Rosemaries, geradezu bescheiden, bedenkt man, was Frauen, die ihren Wagen und einen vielbeschäftigten Mann haben, mit anderen vielbeschäftigten Männern alles tun in ihrer Verzweiflung, nicht richtig geliebt zu werden.
Adelheid Hartog allerdings betrog ihren Mann nicht, er führte ein glückliches Familienleben. Sie spielte Golf und ließ sich analysieren. Der Mensch, der sie ergebnislos zweimal in der Woche behandelte und die letzten farbigen Staubkörnchen von ihren Schmetterlingsflügeln wischte, mit denen sie doch auch einmal ausgestattet gewesen war wie jedes junge Mädchen, bekam dafür mehr Geld als Rosemarie von Hartog. Sie hätte es eher verdient. Denn durch ihre Neigung, das Stück mit Hartog falsch, nämlich als Idylle zu inszenieren, zwang sie ihn, das Stück Hartog und die Frauen endlich einmal ehrlich zu spielen. Bei ihr durfte er nicht darauf ausgehen, Liebe gegen Sympathie einzutauschen, wenn er sich nicht selbst lächerlich machen wollte.
Die Vormittage im Palasthotel nach Nächten im Dornbusch, Nächte, die er immer mehr auf ihr körperliches Mit- und Beieinander beschränkte und die infolgedessen immer kürzer wurden, empfand er als wahrhaft glückliche Stunden. Er fühlte sich durch Rosemarie wie nach einem Bad unter einem Wasserfall im Gebirge, gereinigt und belebt.

Schwerer ist es zu sagen, warum Bruster sich mit zunehmender Häufigkeit geschäftlicher Vorwände bediente, um die 150 km von den ABRUDA-Werken nach Frankfurt zu fahren und Rosemarie zu sehen. Es war wirklich so, wie er gesagt hatte: Die Unterhaltung war ihm wichtiger als das Bett, und was er darunter verstand, waren einseitige Monologe. Er

redete. Bei jedem nächsten seiner Besuche redete er noch mehr als beim vorigen, und es kam sogar vor, daß sie sich überhaupt nicht mehr auszuziehen brauchte. Jedesmal bezahlte er fünfhundert Mark.
Er verbrachte sogar die Nacht nach jenem Tag bei Rosemarie, an dem das neue Verwaltungsgebäude der ABRUDA-Werke eingeweiht wurde. Um zehn Uhr vormittags fand eine Versammlung der ganzen Belegschaft in Halle 5 statt.
Der Vorsitzende des Betriebsrates sprach die einleitenden Worte. Er sagte: „Kollegen, das ist ein stolzer Tag für uns alle. Euer Fleiß, eure Tüchtigkeit, eure Zuverlässigkeit, eure Firmentreue hat diesen Tag herbeigeführt, und wenn sich auch dunkle Wolken am internationalen Horizont abzeichnen und der oder jener Schwarzseher vielleicht miesmachen will, mit der Konjunktur und so weiter, unser Betrieb steht. Und jetzt hat das Wort unser Chef, der Mann, der unsere Firma zu dem gemacht hat, was sie ist, Alfons Bruster."
Das Hoch unterblieb. Bruster stand auf, schüttelte dem vom Podium abtretenden Vorsitzenden die Hand, stieg die beiden Stufen hinauf. Nun ragte er über die Masse empor.
Die Halle 5 war für diesen Tag ausgeräumt und mit Kalk frisch geweißt worden. Vor der Mitte der westlichen Stirnwand, fünf Meter von ihr entfernt, erhob sich das Rednerpult mit vier Mikrofonen; der lokale Sender schnitt die Feier mit, um am Abend und am darauffolgenden Tag Teile daraus zu übertragen. Die Abteilung public relations des Betriebes nahm sie vorsorglich auf Tonband auf, und Bruster selbst hatte sein Sekretariat beauftragt, den Wortlaut seiner Rede mit dem Gerät festzuhalten, das er auf Reisen mitzunehmen pflegte. Es hieß „Star Reporter".
Ein Bündel Kabel lief vom Pult quer über den Zementboden und verschwand im Spalt einer Seitentür. Der freie Raum war von zwei Stuhlreihen eingesäumt, auf denen der Betriebsrat, Frau Bruster II mit seinem Sohn aus erster Ehe, siebzehn Jahre alt, ihre Mutter, ein Vertreter des Bundeswirtschaftsministeriums im Range eines Ministerialdirektors, zwei Vertreter der Landesregierung, darunter der Wirtschaftsminister, der Bürgermeister mit einigen Mitgliedern des Stadtparlaments, der Oberstadtdirektor und die Hauptabteilungsleiter des Betriebes Platz genommen hatten. Hin-

ter dieser dünnen Linie individueller Repräsentanz standen, Mann an Mann, Frau an Frau – Bruster beschäftigte in den Kabelwicklereien vorwiegend Frauen –, die 17000 Arbeiter und Angestellten seines Werkes. Vom Rednerpult aus war der rückwärtige Teil der Halle, die aus Glasdachsätteln ihr Licht empfing, nicht mehr deutlich zu sehen. Köpfe und Leiber verschwammen zu einem grauen Meer vor weißen Wänden. Alle wären gern an Brusters Stelle gewesen, alle bewunderten ihn.

Es war ein Julitag. Man hatte vorsorglich die Werkfeuerwehr beauftragt, die Glasdächer während der Versammlung mit Wasser zu bespritzen, um die Luft im Innern etwas abzukühlen, dennoch wurde es unerträglich heiß in der Halle. Bruster sprach nach einem Manuskript, das fehlerlos getippt mit doppelt breiten Zeilenabständen vor ihm lag. Aber er verstand es, den Eindruck zu erwecken, als spreche er frei und aus dem Augenblick heraus. Seine ersten Begrüßungsworte galten nicht den prominenten Gästen, sondern den Tausenden dahinter. Die Werkzeitung hob diese Reihenfolge in ihrer nächsten Ausgabe hervor, in der sie den Wortlaut der Rede veröffentlichte. „Meine Arbeitskameraden, Männer und Frauen des Werkes, und Sie, unsere Gäste, die Sie uns die Ehre gegeben haben, die Bedeutung dieses Tages durch Ihre Anwesenheit zu unterstreichen, liebe Frau, mein lieber Sohn!

Als wir bald nach dem verlorenen Krieg an diesem Platz, an dem wir jetzt versammelt sind – aber damals war über dieser Halle kein Dach, sondern der freie Himmel blickte auf uns hernieder –, begonnen haben, die Trümmer wegzuräumen, die die Nazis uns hinterlassen hatten, waren wir nur wenige. Wer dabei war, wird sich in diesem Augenblick an jene Zeit erinnern. Was vor uns lag, war nicht weniger dunkel als das, was wir hinter uns hatten. Alle unsere Verbindungen waren abgerissen, unsere Rohstoffquellen waren versiegt, wir waren auf uns selbst gestellt, und das erste, was wir in der notdürftig wieder zusammengeflickten Halle 1 hergestellt haben, waren – Bratpfannen und Töpfe für die Frauen unserer Arbeiter.

[Gelächter in der Menge]

Nach der Währungsreform ging es aufwärts. Ende 1949 hat-

ten wir wieder 1600 Beschäftigte, das heißt soviel wie im Jahr 1942, dem Jahr unseres bis dahin höchsten Beschäftigungsstandes. Wir lieferten 1950 70 Prozent unserer Produktion nach den Anweisungen der Besatzungsbehörden teils an diese, teils an Post, Eisenbahn und andere wichtige, im öffentlichen Interesse stehende Abnehmer, und nur 30 Prozent konnten wir frei verkaufen. Davon sind nur 10 Prozent ins Ausland gegangen. Und heute? Wir haben mehr als 17000 Beschäftigte. Davon sind 1500 in der Verwaltung und in den kaufmännischen Abteilungen tätig. Weitere 800 arbeiten in den Konstruktionsbüros und Laboratorien, und rund 1000 sind in 50 Montagetrupps von unterschiedlicher Größe zusammengefaßt, die sich ständig auf Außendienst befinden. Nicht weniger als 27 arbeiten im Augenblick im Ausland."
Bruster verweilte weitere zehn Minuten bei Angaben über Produktion und Absatz. Dann fuhr er fort:
„Jeder Meter Draht, den wir im vergangenen Jahr produziert, als Rohdraht verkauft oder verarbeitet haben, aneinandergelötet, würde eine Länge ergeben, die 777000mal um den Erdball reicht. Mit anderen Worten: Wir haben in gemeinsamer Anstrengung ungefähr 34 Millionen Kilometer Draht produziert, Draht jeder Art, und nicht nur produziert, auch verkauft. Deutscher Draht ist durch uns in alle Welt gegangen! Da hat vielleicht mancher von euch gedacht, wenn er im Laufe des letzten Jahres die Mauern des neuen Verwaltungsgebäudes emporwachsen sah, was brauchen wir ein neues Verwaltungsgebäude. Soll der Alte doch noch eine neue Walzstraße bauen.
[Gelächter in der Menge]
Wer so gedacht hat, der sieht jetzt vielleicht ein, daß Produktion nicht alles ist. Wir haben eine so vielgestaltige Produktion, die jeden Tag vielgestaltiger wird, die Anforderungen der Fernmeldetechnik, der Radartechnik, der Elektronik, um nur ein paar Gebiete zu nennen, die uns jetzt vor allem interessieren, werden immer komplizierter – daß wir auch eine entsprechend große Stehkragen-Abteilung brauchen.
[Starkes Gelächter in der Menge]
Die Hände macht sich bei uns sowieso keiner mehr schmutzig. Aber ich gehöre nicht zu denjenigen, die sagen, es ist gar kein Unterschied mehr zwischen dem Büro und der Fabrik.

Es ist ein Unterschied, es soll ein Unterschied sein, und ohne eine entsprechende produktive Leistung hat die schönste Verwaltung keinen Zweck.
[Starker Beifall]
Aber – das Umgekehrte gilt auch! Unsere Produkte gehen heute in 68 Länder. Wissen Sie, meine Arbeitskameraden, was das organisatorisch bedeutet? Das ist nicht nur ein Vorteil, es ist eine ungeheure Belastung für den Betrieb, aber eine notwendige Belastung, denn es ist nicht gut, wenn alle Eier in einem Nest liegen.
Wir wollen krisenfest sein! Die Älteren unter euch wissen noch, was das heißt: Arbeitslosigkeit! Solange ich hier stehe, werdet ihr das nie mehr erleben!
[Tosender Beifall]
Und deshalb brauchen wir dieses neue Verwaltungsgebäude, ausgestattet mit den modernsten Büromaschinen. Hierzu nur ein Beispiel: Wir haben in der Abteilung Statistik zwei Lochkarten-Maschinen aufgestellt, die imstande sind, in der Stunde 40000 Lochkarten durchlaufen zu lassen, abzutasten, zu sortieren und die Ergebnisse zahlenmäßig zusammenzufassen. Das ist ein ungeheurer Fortschritt; bei diesem Tempo wird die zeitraubende Vorauswahl überflüssig. Für jede Angabe, die wir brauchen, können wir sämtliche Karten durchlaufen lassen, selbst wenn wir nur 10 Prozent der Karten im besonderen Fall benötigen, denn der hierdurch eintretende Zeitverlust ist bei diesem Tempo minimal.
[Hier erlahmte das Interesse der Menge, sie wurde unruhig, denn sie verstand nicht mehr, wovon gesprochen wurde. Bruster spürte es, er überschlug kurzerhand eine Manuskriptseite, seine Augen suchten einen neuen wirkungsvollen Einsatz.]
Wenn ich heute den gewaltigen Umfang, allein geographisch, des Marktes überblicke, auf dem wir unsere Produkte absetzen, dann erfüllt mich Stolz. Stolz auf euch alle, meine Arbeitskameraden, meine Freunde, möchte ich sagen, jawohl, meine Freunde, denn wir sitzen alle in einem Boot. Auf einem Schiff muß es einen Kapitän geben, und Offiziere, und die Mannschaft, aber einer für alle und alle – für die Gemeinschaft.
[Starker Beifall]

Daran will ich glauben, und daran dürft ihr glauben, Männer und Frauen der ABRUDA-Werke. Wenn wir heute nachmittag in Hof 3 das Denkmal des Unbekannten Arbeiters enthüllen werden, dann soll damit eine Ehrung verbunden sein. Sie gilt euch, eurer Tüchtigkeit, eurem Fleiß. Und wenn uns erst alle Märkte der Welt wieder offenstehen – auch jene, die uns jetzt noch verschlossen sind, aber was an mir liegt, so will ich alles tun, sie uns zu öffnen, damit auch dort, wo noch vom Kriege her unser deutscher Name in schlechtem Andenken steht, dieses Andenken ausgelöscht wird und an seine Stelle die Beweise unserer Leistungen für eine friedliche Entwicklung der Welt in Freiheit treten –, dann, meine Freunde, werden wir nicht 34 Millionen Kilometer Draht in einem Jahr herstellen, sondern vielleicht 100 Millionen!
[Tosender Beifall]
Um dieses Ziel zu erreichen, wollen wir wie bisher auch künftig Schulter an Schulter unsere Pflichten tun."

Bruster verließ das Pult. Der Beifall hielt an, bis er sich setzte. Dann verebbte er jäh. Der Vorsitzende des Betriebsrates stand auf, ging zu den Mikrofonen und rief hinein: „Die Betriebsversammlung ist geschlossen."
Die Tore wurden aufgeschoben. Obwohl es auch draußen heiß war, schien es der Menge, als ströme kühle, frische Luft herein. Die beiden Motorspritzen beendeten ihren künstlichen Regen auf die Glasdächer.
Die Menge verließ die Halle, langsam und in merkwürdigem Schweigen. Niemand, der nicht dabeigewesen war, hätte glauben können, daß dieselben Menschen zwei Minuten zuvor den Beifallslärm hervorgebracht hatten. Sie waren weder freudig erregt noch zeigten sie überhaupt, daß sie von der Rede ihres Chefs berührt worden waren. Und doch hatte es den Anschein gehabt, als habe er ihnen aus dem Herzen gesprochen. Bei einem gemeinsamen Abendessen nach einer Sitzung in Frankfurt hatte Schmitt einmal von Schwierigkeiten berichtet, die er mit den Arbeitern einer bestimmten Abteilung hatte. Ihnen war ein Zuschuß zum Fahrgeld versprochen worden, soweit sie zur Fabrik einpendeln mußten, die Zusage aber dann aus juristischen Überlegungen mit Zustimmung des Betriebsrates zurückgenommen worden. Nur

22 Mann waren davon betroffen worden, aber Hunderte waren aufsässig geworden, die Leistung war rapid abgefallen, nichts hatte mehr geklappt. „Sie müssen sich die Burschen mal vornehmen und mit ihnen reden", hatte Bruster gesagt, „das wirkt Wunder. Ich hol mir im Jahr vier- oder fünfmal den ganzen Haufen zusammen und möble ihn auf. Die müssen wissen, daß sie einen Chef haben, der für sie geradesteht – dann klappt der Laden."

Waren die siebzehntausend aufgemöbelt worden? Man konnte es ihnen nicht ansehen. Von Bruster kursierte der Ausspruch: Das Arbeitsklima bin ich. Er war ein Chef, der sich sooft er konnte im Betrieb sehen ließ. Für seine Körpergröße hatte er ungewöhnlich kleine Füße, sie schienen Mühe zu haben, den mächtigen Mann zu tragen und im Gleichgewicht zu halten. Wenn er sich fortbewegte, sah es aus, als müsse er immer rasch einen Fuß vor den andern setzen, um nicht zu fallen. Sein Gang hatte etwas Tänzelndes.

Er tänzelte durch die Hallen, und über den breiten Schultern glänzte sein Vollmondgesicht mit den schlauen kleinen Augen und dem Vollmondlächeln. Vielleicht hatte das Arbeitsklima wirklich etwas mit dem Erscheinen dieses Vollmonds zu tun. Bruster jedenfalls war davon überzeugt, aber er war kein Mann, der nur die eine Seite der Medaille betrachtete; es war seine Gewohnheit, sich von zuverlässigen Leuten aus der Verwaltung, die sich bei den großen Betriebsversammlungen unter die Menge mischen mußten, schriftlich berichten zu lassen, was sie nach der Versammlung gehört hatten. Meistens waren die Berichte kurz und bedeutungsvoll nur dadurch, daß sie inhaltslos blieben. Signale der Zufriedenheit erschienen nur chiffriert in den Leistungstabellen und Produktionsziffern.

Brusters Jacke zeigte nach seiner Rede große dunkle Flekken. Der Schweiß lief ihm über das Gesicht. Er nahm Gratulationen entgegen und ließ sich nach Hause fahren, um zu duschen und sich umzuziehen. Für die Belegschaft waren auf dem Fabrikgelände Zelte aufgeschlagen worden, in denen sie ein Mittagessen und Bier bekam. Von zwei Uhr an wurden die Werkhallen für den Besuch der Familienmitglieder geöffnet. Die Männer konnten ihren Frauen zeigen, wo und wie sie ihr Geld verdienten, die Frauen zeigten es ihren

„Frankfurter Allgemeine
Maritza" wurde die superblonde
Rosemarie Nitribitt von
festen Kunden genannt, zu
Industriemagnaten, Di-
und auslän-
Oft stießen sie

Hort- und Schlüsselkindern. Man muß an den Nachwuchs denken, hatte Bruster gesagt, als er die Anregung gab, die Familien an diesem Tag ins Werk einzulassen.

Im Park seiner Villa, neben dem Schwimmbecken, war ebenfalls ein großes Zelt errichtet worden. Die Seitenwände waren hochgerollt, man erblickte eine hufeisenförmige Tafel mit zweihundert Gedecken. Bruster gab für seine nächsten Mitarbeiter und für seine Generalvertreter ein Essen. Sie waren aus ihren Ländern mit drei gecharterten Passagiermaschinen herbeigeflogen worden. Bei diesem Essen hielt Bruster seine zweite Rede. Die Stimmung unter dem Zeltdach, außen himmelblau, innen rosa, unter das eine improvisierte Klimaanlage kühle Luft blies, war glänzend. Ein Werkfotograf blitzte jeden Gast, und in der nächsten Ausgabe der auf Kunstdruckpapier gedruckten Werkzeitung wurden die Bilder veröffentlicht. Die Unterschriften dazu lauteten: Unser Herr Roß aus Hongkong freut sich, daß er wieder einmal in Europa is(s)t; oder: Herr Kalunke, unser immer wißbegieriger Chef der Verpackungsabteilung, tauscht hier seine Erfahrungen mit der neuen tropenfesten Verpackung für TNM XII/58 mit unserem Vertreter in Santiago, Herrn A. W. Moraleto, aus.
Die Dankrede, von dem Generalvertreter in Tokio gehalten, hatte eine humorige Färbung und lockerte die Tischsitten. Einige der Herren, die keine Damen in der Nachbarschaft hatten, begannen das Visier ihrer Wohlanständigkeit aufzuklappen und Witze zu erzählen. Im großen und ganzen blieb die Unterhaltung aber im Rahmen der Geschäfte, und die Sehnsucht, Mensch sein zu dürfen, blieb noch ungestillt zugunsten der Verpflichtung, sich wichtig nehmen zu müssen. Des Tages offizielle Feiern waren ja noch nicht zu Ende, die Einweihung oder besser gesagt die Enthüllung des Denkmals des Unbekannten Arbeiters, das Bruster in seiner Rede erwähnt hatte, stand noch bevor.
Rechts neben Bruster saß H. S. Goffrey, der ABRUDA in Chicago vertrat und dort selber Unternehmungen hatte, mit denen verglichen Bruster ein kleiner Mann war. Er sprach ein leidlich gutes Deutsch und hatte sich die Rede in Halle 5 angehört. Beim Kaffee kam er auf das Denkmal zu sprechen.

„Was ist das für eine Sache, Alfons?" fragte er, „dieses Memorial für unbekannte Arbeiter? Funny idea ..."
„No, Harry", sagte Bruster, „für euch mag es komisch sein, für uns nicht. Konjunktur ist ganz schön, aber was, wenn sie mal aufhört? Wenn's wieder einmal hart auf hart geht, dann brauchen wir was hinter uns. Wir müssen den Arbeitern mehr bieten als die Lohntüte."
H. S. Goffrey stellte sein Kognakglas ab. „Denkmäler?" sagte er. Bruster, dem Verlegenheit im allgemeinen fremd war, fühlte sich doch ein bißchen unbehaglich. Er war von seiner Idee mit dem Denkmal überzeugt, aber es war schwer, sie einem Amerikaner verständlich zu machen. „Wir müssen der Belegschaft etwas bieten, damit sie stolz darauf sind, zu der Firma zu gehören."
Der Amerikaner verstand nichts, und Bruster fuhr fort: „Da haben wir also jetzt dieses Denkmal gebaut, wir sind über den Berg, jetzt können wir auch mal zurückschauen. Hier war doch nichts mehr, nur Trümmer, ich hab jetzt drei Hektar Dächer, aber damals lag nicht ein einziger Ziegel mehr an seinem Platz. Der Betrieb ist viermal gebombt worden, dreimal von euren Jungs – vergessen, war ja Krieg. Neunundvierzig haben wir den letzten Blindgänger ausgebuddelt. Die Leute, die ihn rausgeholt haben, schrieben drauf: Letzter Gruß von Morgenthau."
„Aber er hat doch gar nicht ...", sagte H. S. Goffrey.
„Nee, er hat nicht, aber warum? Weil er nicht konnte. Aber lassen wir das, ich sage ja nur, die Leute haben es draufgeschrieben, es ist ja nicht meine Meinung. Jedenfalls, die Bombe haben wir ausgeleert und aufgehoben. Und nun haben wir dort, wo wir sie ausgebuddelt haben, in Hof 3, so'n Ding gebaut, rund mit Säulen, alles Marmor, sieht direkt klassisch aus, und innen ist 'ne Vertiefung, fünf Stufen runter, und da unten schaut die Bombe halb aus dem Marmor raus, vergoldet."
„Mit Morgenthau?"
„Selbstredend ohne Morgenthau, Harry! Ich bin nicht nachtragend. Leben und leben lassen. Und wir leben doch – kein Morgenthau, gewiß nicht, aber doch Erinnerung: So ist es gewesen – das haben wir geschafft! Die Leute müssen sich an was halten. Deshalb ist ja auch die Inschrift, oben

herum ..."
Bruster fingerte einen Zettel aus der Brieftasche und las: „*Unseren Arbeitern zum Dank und zur Ehre und aus Trümmern erstanden die ABRUDA-Werke.* Sehen Sie, Harry, ganz schlicht, aber es gibt den Leuten was, Tannenbergdenkmal ist nicht mehr, aber so was ..., ganz ohne geht's auch nicht."

Die Feier in Hof 3 war kurz. Von der Belegschaft waren einige tausend Mann anwesend, die übrigen wanderten, teils mit, teils ohne ihre Familien durch das Werk in ungewohnter Freiheit oder waren nach dem Essen nach Hause gefahren. Außer Bruster und dem Bürgermeister sprach der Vertreter des Ministeriums:
„In unserer symbolarmen Zeit, in einer Zeit, in der eine Zerstörung so vieler echter Werte stattgefunden hat, das Vaterland geteilt und die geschichtlichen Zusammenhänge unterbrochen worden sind, in einer Zeit aber auch, in der die Wirtschaft dank einer weit vorausschauenden, den Idealen der freien Welt tief verpflichteten politischen Führung in die Lage versetzt worden ist, einen neuen, von der ganzen Welt bewunderten Aufstieg zu ... äh ... zu ... herbeizuführen, ist die Sinngebung Ihrer Arbeit durch dieses Monument von tiefer Bedeutung. Wenn ich hier als Vertreter des Staates ..."
Um fünf Uhr war alles vorbei. Die meisten der auswärtigen Gäste waren in Frankfurt einquartiert worden, da es in der näheren Umgebung an angemessenen Hotels gebrach. ABRUDA hatte das halbe Palasthotel gemietet. Herren der Geschäftsleitung begleiteten die drei luxuriösen Omnibusse, die gegen sieben Uhr in der Innenstadt ankamen. Die Herren gingen in ihre Zimmer, um sich frisch zu machen. Jeder fand dort einen Briefumschlag der ABRUDA-Werke vor. Er enthielt eine schön bedruckte Karte mit folgendem Text:
„Lieber Geschäftsfreund!
Mit Rücksicht darauf, daß wir Sie morgen noch einmal für unsere geschäftlichen Besprechungen beanspruchen müssen, glaubten wir in Ihrem Sinn zu handeln, wenn wir für den heutigen Abend von einer gemeinsamen Veranstaltung abgesehen haben. Sie werden es sicher vorziehen, nach Ihrem

Wunsch den Abend zu verbringen. Ein Verzeichnis orientiert Sie über die Möglichkeiten, die Frankfurt bietet. Darüber hinaus steht Ihnen der Chefportier des Hotels, dem Sie nur diese Karte vorzuweisen brauchen, mit Rat und Tat zur Verfügung. Wir erlauben uns, in gesondertem Umschlag einen Beitrag zu den Spesen des heutigen Abends beizulegen, und wünschen Ihnen viel Vergnügen.
Die Arbeitssitzung beginnt morgen um elf Uhr im neuen Verwaltungsgebäude, die Autobusse starten um 9.30 Uhr vom Parkplatz des Hotels.
ABRUDA-A.G., Public Relations, ppa. Kotzsche."
In dem gesonderten Umschlag befanden sich zwei nagelneue Hundertmarkscheine.

Bruster hatte für sich ebenfalls ein Zimmer im Hotel reservieren lassen. Er sagte zu seiner Frau, nachdem die Autobusse nach Frankfurt abgefahren waren, er werde ihnen leider folgen müssen, da sei noch der und jener, den er unter Alkohol setzen und für morgen weichmachen wolle, die Verhandlungen würden hart, das ganze Preisgefüge sei durch die englische Konkurrenz bedroht. „Es wird sicher spät", sagte er, „und feucht, ich bleibe im Hotel und komme erst um elf Uhr zur Sitzung wieder. Du hast es heute fabelhaft gemacht. Keine Panne den ganzen Tag. Primissima. Brauchst du Hans?"
„Nein, soll er dich fahren?"
„Gern, dann nehm ich den großen Wagen und schlaf unterwegs ein bißchen."
„Ich könnt dich ja auch fahren."
„Neenee, du hast dein Teil heute geleistet."
Er schlief unterwegs nicht. Er war hellwach. Hans trug ihm das Köfferchen mit dem Schlafanzug und den Toilettensachen aufs Zimmer.
„Ich brauch Sie nicht mehr. Kriegen Sie hier 'n Bett, oder wollen Sie zurückfahren?"
„Ist ja noch früh, da fahr ich lieber zurück."
„Recht haben Sie, bei Mutti schläft sich's am besten. Mir hängt das Hotel auch zum Hals heraus."
Er nahm ein Taxi zum Dornbusch. „Was hast du denn da?" sagte Rosemarie und nahm ihm an einem Tragriemen einen

roten Kasten ab, ziemlich schwer, mit abgerundeten Ecken, goldenen Verschlüssen.
„Später, stell's irgendwohin." Die Reden, die vielen Menschen, der ganze Wirbel, als dessen Mittelpunkt er sich hatte fühlen dürfen, hatten ihn aufgepulvert.
„Wie war's?" fragte Rosemarie, „ich hab schon was am Radio gehört von deiner Fabrik."
Er sagte nichts. Er hatte die Jacke schon auf einen Stuhl geworfen, die Krawatte hinterher.
„Nanu, was ist denn mit dir heute, Dicker? So kenn ich dich gar nicht."
„Quatsch jetzt nicht", keuchte er.
Es blieb ihr keine Zeit, sich auszuziehen. Er riß ihr das Kleid herunter, es ging in Fetzen. Sie schlug nach ihm, teils fürchtete sie ihn wirklich in diesem Augenblick, teils tat sie es, weil er es gern hatte. „Wehr dich!" hatte er sie beim erstenmal angeherrscht, als sie ihn allzu fügsam bediente. Sie kratzte nicht, sie biß nicht, sie schlug mit Fäusten auf ihn ein, nicht ins Gesicht. „Man darf nichts sehen", hatte er gesagt.
Sie besaß weniger Leidenschaft als ein Huhn. Sie ging nicht einmal gern mit Männern ins Bett, sie spielte nur gerne mit ihnen herum. Sie war weder ein Partner für vulkanische Männer noch für Artisten des Betts. Sie war eine schlechte Liebhaberin. Es waren keine Ekstasen aus ihr herauszuholen.
Stunde um Stunde war an diesem Tag in Bruster der Pegel der Gier langsam gestiegen, jetzt brach sie aus ihm. Er aber war jetzt von einer wilden, wütenden, anhaltenden Kraft. Sie konnte sie nur über sich ergehen lassen.
„Au", schrie sie, „du tust mir ja weh."
„Du Miststück, du Hure, du Dreck", schrie er. Sie bekam Angst, sie begann um sich zu schlagen, es war kein Spiel mehr, jetzt kratzte sie auch und biß. Damit stimulierte sie ihn aufs äußerste, und er überwältigte sie. Sie befreite sich und stürzte ins Badezimmer. Sein Gehirn arbeitete jetzt fröhlich und leicht. So war es ihm immer après. Was für ein großartiger Tag war es gewesen! Ich hätte Hartog einladen sollen, dachte er. Ob er gekommen wäre? Ha, wenn der wüßte, daß ich hier bin.

Als sie zurückkam, hatte er den roten Kasten neben das Radiogerät gestellt und angeschlossen. Sie sah die Flecken auf der Couch und sagte verärgert: „Ich hab's ja gewußt." Sie breitete ein frisches Handtuch aus. Er ging in seinem verknitterten kurzen Taghemd, das er nicht ausgezogen hatte, quer durchs Zimmer zur Tür, die in den Flur führte.
„Was suchst du denn?"
„Mal sehen, ob du was im Eisschrank hast; ich hab nicht zu abend gegessen."
„Das laß mich machen."
„Schon gut, mach das Bett, ich bleib heut nacht hier."
Er kam mit einer Flasche Bier, Brot und Wurst wieder. Die Wurst war in einem Zellophanbeutel verpackt, es gelang ihm nicht, ihn zu öffnen.
„Verfluchter Mist, ich möchte eine ordentliche Wurst im Stück."
Sie schnitt den Beutel mit einer Nagelschere rundherum auf, entfernte die Ränder und den oberen Teil der Hülle, sauber und ordentlich servierte sie die Wurst auf dem unteren Zellophanblatt.
„Du hättest in den Haushalt gehen sollen", sagte er.
Das Bier trank er in großen Schlucken aus der Flasche. Er stand vor ihr an der Couch, auf der sie nackt lag, er hatte die Semmel in der einen, die Flasche in der anderen Hand. Ihr war jetzt ganz behaglich. Irgendwo hoch über ihr und über seinem Bauch mümmelte er an seiner Semmel, und manchmal griff er hinter sich und holte ein Stück Wurst vom Tisch.
„Dreh mal an", sagte er und deutete mit der Bierflasche auf das Tonbandgerät. „Den rechten Knopf nach rechts."
Sie ließ sich zurückfallen und sagte: „Du bist heute in Form."
„Still", sagte er.
Erst kam die Stimme des Betriebsratsvorsitzenden.
„Was ist denn das?" fragte sie.
„Der Menneberg, den haben sie schon zum drittenmal zum Betriebsratsvorsitzenden gewählt. Je öfter, desto besser. Der frißt mir aus der Hand." Dann kam seine Stimme: „Meine Arbeitskameraden, Männer und Frauen des Werkes, und Sie, unsere Gäste, die Sie uns die Ehre gegeben haben, die

Bedeutung dieses Tages durch Ihre Anwesenheit zu unterstreichen, liebe Frau, mein lieber Sohn ..."
Rosemarie brach in Gelächter aus.
Der Apparat sprach weiter: „Als wir bald nach dem verlorenen Krieg an diesem Platz, an dem wir jetzt versammelt sind ..."
„Das haben sie auch im Radio gebracht", sagte Rosemarie.
Er stellte die Flasche weg. Semmel und Wurst hatte er aufgegessen. Er setzte sich auf die Couch und hörte sich reden, wobei er den Blick auf das Gerät gerichtet hielt, als sei er dort zu sehen.
Rosemarie wollte an ihm herumspielen.
„Laß das, hör zu!"
Rosemarie hielt ihre Hand still, sie hörte nun wirklich zu. Da erfahr ich was von seinem Betrieb, dachte sie. Aber sie konnte mit den Zahlen, die sie hörte, nichts anfangen, und sie begriff nur vage, wovon er sprach.
Als die Rede zu Ende war, lief das leere Band weiter. Bruster saß in Gedanken versunken, er machte keine Anstalten, das Gerät abzustellen. Rosemarie probierte so lange an den Knöpfen und Tasten herum, bis die Spulen stehenblieben. Sie begann zu frieren und zog sich ein Nachthemd an aus rosafarbenem Nylon.
„Prima."
„Findest du?"
„Ganz prima."
„Ich hab sie wieder mal aufgemöbelt", sagte er. „Stell dir vor, siebzehntausend. Mein Vater hat mit zwanzig angefangen, und wie ich die Firma übernommen habe, waren es dreihundert. Und dann der Krieg. Zuerst war er ja gut, wir haben gebaut und gebaut und gebaut, aber dann ..., siebzehntausend! Wenn ich so durch den Betrieb geh, das ist wie'n Motorboot, hast schon mal gesehen? Vorne liegt der See ganz platt, dahinter weißer Schaum, Wellen, Bewegung. Ich brauch gar nichts zu sagen, nur durchgehen, dann ziehen sie schon an. Freundlich, immer freundlich, weißt du, gegen einen Haufen mußt du immer freundlich sein, nie gegen anstänkern, immer Honig ums Maul und reden, was sie gerne hören, und wenn sie was nicht so gern hören, aber du mußt es doch sagen, dann ganz auf die sanfte Tour, so wie ich ihnen das mit

dem neuen Bau hingerieben habe, hör noch mal ...“
Er wollte das Tonband noch einmal laufen lassen und die Stelle heraussuchen.
„Laß nur, Dicker“, sagte sie, „ich hab’s gehört. Es war prima, wirklich ...“
„War’s auch“, sagte er. „Zur Sau machen darfst du sie nur einzeln, aber sonst, immer nur lächeln. Die haben ein Vertrauen zu mir, das kannst du dir nicht vorstellen. Ich hab nie Schwierigkeiten im Betrieb. Dabei fangen wir erst jetzt an, die Leute auszusuchen bei Neueinstellungen, bisher haben wir sie schockweise vom Arbeitsamt bezogen, wie sie kamen, aber keine Schwierigkeiten ... Du hörst ja gar nicht mehr zu! Woher bist du denn so braun?“
„War doch jetzt immer schön Wetter, ich geh schwimmen und leg mich dann in die Sonne.“
„Sieht man ja gar nicht den Badeanzug.“
„Da gibt’s eine Liegeterasse, da kann man ohne. Nur für Frauen. Das wär was für dich, da kannste was sehen.“
„Ich seh genug“, sagte er und schob das Nylonhemd über ihre Schenkel hinauf. „Was hast du denn vorhin gehabt? Du warst nicht richtig da.“
„Doch war ich. Du warst so grob. Möcht wissen, was deine Frau sagen würde ...“
„Morgen werden wir ’n heißen Tag haben, die Engländer schießen quer. Die werden ganz schön rumhuren heute in Frankfurt. Alles für mein Geld.“
„Wer?“ fragte sie, „die Engländer?“
„Meine Vertreter“, sagte er.
Er lachte dröhnend.
„Ich hab auch mal einen Vertreter gekannt.“
„Doch nicht so’n Vertreter. Meine Generalvertreter. Die hab ich eingeladen aus der ganzen Welt. Allein die Flugzeuge kosten mich bare hundertfuffzigtausend Emm, aber es lohnt sich. Da sind Burschen dabei, die haben ihre Privatflugzeuge zu Haus, der Goffrey zum Beispiel. Der war stocksauer, wie ich das vom Morgenthau zu ihm gesagt habe, stocksauer war er, aber das war ’ne gute Pille für ihn. Der wär für dich richtig, aus dem könnste was rausholen. Du bist so der Typ für solche ...“
„Bin ich dein Typ nicht?“

„Bist du, aber mach nicht auf geil. Da lachen ja die Suppenhühner. Du mußt sachlich sein, das ist dein Stil, verstehst du ..." Er lachte vor sich hin: „Du hast eigentlich auch eine Firma, wenn man's genau nimmt. Da ..."
„Nun laß schon." Sie schob seine Hand weg und schlug die Beine übereinander. „Was meinst du, Firma?"
„Dein Produktionsprogramm ist klein, aber krisenfest, haha. Aber du verkaufst das nicht richtig. Mich nimmst du ja schön aus – ach, die Mäuse, hab ich ganz vergessen, ich wünsch dir immer solche Kunden wie mich ..." Er fischte seine Brieftasche aus dem Rock, den sie inzwischen ordentlich über die Lehne des Stuhles gehängt hatte, zählte die Scheine ab und gab sie ihr gefaltet. „Du solltest Taschen im Nachthemd haben." Sie nahm das Geld und legte es über ihrem Kopf auf das Bord, auf dem das Radiogerät stand.
„So möcht ich mein Geld auch verdienen."
„Für dich arbeiten doch die andern. Was soll ich denn tun?"
„Die Kundschaft ausbauen. Der Verkaufsraum hier – alles was recht ist, aber das ist wirklich das Letzte. Ich würd dir gern unser Verwaltungsgebäude zeigen, da könntest du mal sehen, wie man so was heute macht. Da ist nichts dran, was du weglassen könntest, und hier ist nichts drin, was du nicht weglassen könntest – außer dir, versteht sich."
„Du bist 'n ganz Lieber", sagte sie.
„Bin ich, aber meine Frau, die tut immer so, als müßte sie sich erst Handschuhe anziehen, bevor sie mit mir ins Bett geht. Die lauert so rum ..., bei dir kann man wenigstens reden und muß sich nicht jedes Wort überlegen ... Herrgott, ich hab Hunger ..."
„Ich hab Ölsardinen im Kühlschrank."
„Brr, Fettzeug mag ich nicht. Lieber 'ne trockene Semmel, hast du eine?"
Sie ging in die Küche und kam mit einem Rest Schwarzbrot zurück.
„Das ist alles? Siehst du, du verstehst nichts vom Geschäft. Mit mir kannste das ja machen, ich bin gutmütig, 'n anderer käm hier nicht mehr rauf bei so 'ner Bedienung. Da muß Zug rein in die Sache."
„Das kostet Geld."

hinwarf; sie wiederholte sie, gewann damit für den nächsten Zug einen neuen Start.
„Dumm – so gescheit bin ich nicht wie du, aber das Theater, das du jetzt spielst ... Was willst du eigentlich, was paßt dir nicht?"
„Mir paßt nicht, daß du dich von mir bezahlen läßt und mit einem andern rumschläfst, vielleicht sogar hier ..."
„Hier nicht", log sie. „Warum interessiert es dich eigentlich, ob's noch andere gibt oder was sie bezahlen? Vielleicht willst du dich beteiligen ...?"
Er glaubte, sie verhöhne ihn, aber sie sprach im Ernst.
„Du könntest es verlangen", sagte sie, „der andere hat bis jetzt viertausend bezahlt, aber von dir hab ich schon neunzehntausend, mit der Wohnung."
Er starrte sie fassungslos an.
„Ich geb dir noch das Geld für einen Monat", sagte er, „die Wohnung kannst du behalten. Ich denke, du wirst jemand finden, der in Zukunft die Miete bezahlt."
„Du machst Schluß?"
Er stand auf.
Wenn er jetzt wenigstens geradenwegs zur Tür gegangen wäre, im Flur den Morgenmantel gegen seine Jacke vertauscht und die Wohnung verlassen hätte, würde er sich viel erspart haben, nicht nur Geld. Aber er war nicht der Mann dazu. Er hatte sich zu weit eingelassen, er zauderte, er kam nicht von der Bühne herunter, die er selbst aufgebaut hatte. Er war aufgestanden, aber er wollte nicht einfach so weggehen, er wollte nicht unhöflich sein. Aber vielleicht war es auch mehr.
Und wieder traf sie ihn am empfindlichsten Punkt.
„Warum sollst du eigentlich so billig wegkommen? Willst du wirklich behaupten, ich hätt dich betrogen? Du bist ja ulkig. Du hast doch alles gehabt, was du wolltest – oder? Bin ich dir was schuldig geblieben? Hast du nicht selber gesagt, mit mir bist du am besten?"
„Hör auf."
„Ich hör nicht auf", rief sie, stand auf und steigerte sich in eine neue Erregung hinein. „Sag doch, bevor du abhaust, was du eigentlich gewollt hast, wenn du meinst, daß ich dich betrogen habe, ich – dich! Ha! Wolltest du eine feine Dame?

Sah nicht so aus. Du wolltest jemand, bei dem du nicht so fein zu sein brauchtest wie bei deiner Adelheid oder wie du jetzt tust. Tut's dir eigentlich nicht leid, wenn du jetzt weggehst, du warst doch eigentlich ganz schön scharf auf mich, vom ersten Augenblick an damals in der Bar ..."

...

„Du redest nicht mehr mit mir? Sieh mal an! Überleg dir's noch mal. Geh nur, du bist ja sonst auch immer gleich ins Hotel zurück. Ruf mich an morgen früh ..." Er glaubte es sich schuldig zu sein, zu sagen: „Ich ruf dich nicht mehr an."

„Wie du meinst. Vielleicht ruf ich dich an, Essen 768053."

Er hatte sich in der Gewalt. Er ließ sich nicht anmerken, wie er erschrak, als sie die Nummer nannte.

„Das wirst du nicht tun."

„Warum nicht?"

Sie standen einander gegenüber. Der Hausmantel beengte ihn plötzlich, er mußte ihn loswerden, augenblicklich. Er ging aus dem Zimmer, zog die Jacke an; Rosemarie wartete auf das Zufallen der Wohnungstür. Aber er kam zurück, alarmiert von ihrer Drohung, sie werde in seinem Haus anrufen.

Noch einmal versuchte sie ihn zu halten. „Ist doch alles Unsinn, wir vertragen uns doch gut."

In diesem Augenblick hätte sie noch gewinnen können, aber nun machte sie einen Fehler, den ersten und zugleich entscheidenden, seitdem er das Kontobuch gefunden hatte. Sie versuchte, ihn zu verführen, und sie gebot dabei, wenn sie nicht nur Objekt war oder Anweisungen befolgte, nur über sentimentale Töne und Gesten. Wie sie sich ihm jetzt näherte, sich an ihn schmiegte und Liebling sagte, damit verdarb sie sich alles.

„Schluß mit der Komödie", sagte er und machte sich frei.

Nichts verletzt sentimentale Naturen tiefer, als wenn sie der Verlogenheit bezichtigt werden deshalb, weil sie sich ihrer Sentimentalität überlassen.

„Komödie?" Nun wurde sie tückisch. „Wenn du meinst, daß du einfach so abhauen kannst, da bist du schief gewikkelt."

„Was willst du?“
Ebenso unüberlegt, ebenso aus dem Zentrum ihrer geheimsten Begierden, wie sie zu Bruster gesagt hatte: fünfhundert, platzte es jetzt aus ihr heraus: „Den Wagen!“
„Was?“ rief er und lachte, aber es klang nicht überzeugend. „Meinen Wagen – den SL?“
„Deinen Wagen, unseren Wagen, meinen Wagen. Du hast gesagt, wenn er alt ist, schenkst du ihn mir.“
„Er ist nicht alt.“
„Dein Pech, wenn er keine Zeit hat, bei uns alt zu werden.“
„Unmöglich. Ich kann doch nicht ohne den Wagen …“
„… bei deiner Frau aufkreuzen, das wolltest du doch sagen? Kannst ja sagen, er sei dir gestohlen worden.“
„Du hast ja keine Ahnung, was der Wagen dich kostet.“
„Der kostet mich gar nichts.“
„Steuern, Benzin, Garage.“
Es war wieder alles falsch, er war ihr nicht gewachsen.
„Dafür laß mich sorgen. Aber ich bin gar nicht so, es kann auch ein anderer sein. Ein anderer SL.“
„Warum bist du so versessen darauf?“
Sie lachte. „Das kannst auch nur du fragen, er steht mir, das hast du gesagt.“
Er spürte ihre Entschlossenheit, ihn zu erpressen. Er war die Sache satt. In seltenen Augenblicken handeln wirklich reiche Leute so, wie es sich der kleine Mann vorstellt, obwohl wirklich reiche Leute im allgemeinen in ihrer Beziehung zum Geld den Vorstellungen des kleinen Mannes nicht im geringsten entsprechen. Hartog wollte sich jetzt freikaufen, und er empfand es in dieser Sekunde als einen überaus glücklichen Umstand, daß es ihm aufs Geld nicht anzukommen brauchte.
„Ich gebe dir keinen Scheck. Ich schick dir das Geld.“
Ihre Gefühle schlugen um. „Du schenkst mir den SL?“
„Wenn du das schenken nennst …“
Er wendete sich zu Tür. Kein Abschiedswort paßte. Da hörte er sie sagen: „Ich glaub sogar, daß das Geld kommt. Komisch, wie?“
Er war an der Tür. „Du …“, sagte sie.
Er wendete sich um.

Die Stehlampe beleuchtete die Couch. Rosemarie lag im Licht, den weißen Überwurf hatte sie abgestreift.
„Komm“, sagte sie, „ich würde gern sagen, daß ich achtzehntausend für einmal bekommen habe.“ Sie wußte, was der Wagen kostete. Er ging hinaus.
Er ging hinaus.
„Du blöder Hund“, sagte sie.

Als Bruster drei Tage später bei ihr war, fragte sie ihn plötzlich: „Bist du morgen in Frankfurt?“
„Warum?“
„Du könntest mitkommen.“
„Du machst es aber spannend.“
Sie war heiter, was bei ihr selten vorkam. Sie besaß keinen Humor, und wo er fehlt, stellt sich wahre Heiterkeit nicht ein. Aber als er sie am nächsten Tag, wie verabredet, bei Kranzler an der Hauptwache traf, war sie noch immer fröhlich. Er sah sie seit dem Reitfest zum erstenmal wieder außerhalb ihrer Wohnung, sie trug das graue Kostüm, und als er sich dem Tisch näherte, an dem sie bei einer Tasse Kaffee saß, dachte er: Sie sieht nicht aus wie eine ... „Mein Wagen steht bei der Börse“, sagte er.
„Wir brauchen ihn nicht.“
Sie traten auf die Straße.
„Willst du nicht endlich sagen ...“
„Wart noch fünf Minuten, Dicker.“
Sie führte ihn zum Ausstellungsraum von „Mercedes“ neben dem „Palasthotel“. Hinter den großen Scheiben standen verschiedene Typen, darunter ein schwarzer SL.
„Hier müssen wir rein.“
Ein junger Mann, der bestimmt keinen Mercedes fuhr, aber so tat, als habe er eine kleine Herde solcher Wagen zu Hause, näherte sich ihnen.
„Ich habe mit ihnen telefoniert wegen dem SL“, sagte Rosemarie.
„Ganz recht, gnädige Frau“, sagte der Verkäufer. „Sie wollten den Wagen besichtigen. Bitte hier – unser Ausstellungsstück. Gnädige Frau haben den Wagen schon einmal gefahren?“
„Das ist aber ein trauriges Schwarz“, sagte Bruster.

„Aber er paßt zu blond“, sagte Rosemarie.
„Sie können den Wagen natürlich in jeder Farbe haben“, sagte der Verkäufer.
„Wo sind die anderen?“
„Wie, ich verstehe nicht …?“ sagte der Verkäufer.
„Die Wagen in den anderen Farben“, erläuterte Bruster, der anfing, Spaß an dem Spaß zu gewinnen.
„Wir haben nur diesen hier“, sagte der Verkäufer. „Wenn gnädige Frau sich zu einem Wagen entschließen, muß er ohnehin im Werk bestellt werden.“
„Ich will den Wagen jetzt haben.“
„Das geht doch nicht“, sagte Bruster, fürchtend, Rosemarie werde den Scherz zu weit treiben.
„Der ist sicher schon verkauft.“
„Er ist nicht verkauft, mein Herr“, sagte der Verkäufer, „aber wir müssen ihn hier behalten, bis wir ein neues Ausstellungsstück bekommen. Die Lieferzeit ist mindestens zwei Monate.“
„Telefonieren Sie“, sagte Rosemarie.
„Mit wem?“ fragte der Verkäufer.
Bruster lachte dröhnend. „Mit dem Papst“, sagte er.
„Mit irgend jemand, der mir diesen Wagen jetzt sofort verkauft“, fuhr sie den Mann an, von dem jetzt klar war, daß er bestenfalls 700 Mark im Monat verdiente.
„Gewiß, sofort“, sagte er und verschwand.
„Nun reicht’s“, sagte Bruster, „es ist ganz komisch, aber so komisch auch wieder nicht.“
„Ich kaufe den Wagen jetzt“, sagte sie.
Der Verkäufer kam zurück. „Sie möchten bitte ans Telefon kommen“, sagte er zu Rosemarie.
„Moment mal, junger Mann“, sagte Bruster. Der junge Mann zog sich wieder zurück.
„Kannst du ihn wirklich bezahlen!“ flüsterte Bruster.
„Zum Teufel, ja.“
„Dann laß mich mal“, sagte er und ging zum Telefon. Man hörte ihn bis auf die Straße hinaus in die Muschel rufen: „Hier Bruster. Alfons Bruster.“ Es dauerte eine ganze Zeit, dann kam er zurück. „Sie möchten noch mal drangehen“, sagte er zu dem jungen Mann.
„Und?“ fragte Rosemarie.

„Du kriegst ihn."
Der Verkäufer kam zurück, sich zwischen Bewunderung und Gekränktsein nicht entscheiden könnend. „Was die Bezahlung angeht ..."
„Quittieren Sie mir die Rechnung", sagte Rosemarie.
Als die Quittung ausgeschrieben war, öffnete sie ihre Handtasche und zählte fast 19000 Mark, die sie teils gebündelt, teils verknüllt entnahm, auf den Tisch.
„Doch lästig, daß es noch keine Tausendmarkscheine gibt", sagte Bruster.
„Gewiß, mein Herr", sagte der Verkäufer, der seine Chancen an diesem Tage wesentlich verbessert hatte – denn er erzählte seinem Chef, er habe der Dame so lange zugeredet, bis sie ganz wild auf den Wagen gewesen sei –, drehte eine Scheibe des Verkaufsraumes herunter, und zusammen schoben sie den Wagen so lange auf dem spiegelnden Linoleum hin und her, bis er vor der Ausfahrt stand.
Der Verkehr eines Landes, in dem man nicht gerade rücksichtsvoll zu fahren pflegt, einer Großstadt, in der mitten im 20. Jahrhundert Straßenzüge nachgebaut wurden, durch die Goethe als Kind gegangen war, schlug über Rosemarie zusammen. Sie kroch im ersten Gang.
Bruster war es unbehaglich. Hinter ihnen bellten andere Wagen zornig. „Fahr irgendwo rechts ran", sagte er. „Wir fahren jetzt zu dir."
„Und dein Wagen?"
„Der steht gut, wo er steht; ich nehm mir nachher ein Taxi; aber vielleicht fahr ich?"
Er brauchte fast zwanzig Minuten bis zu ihrer Wohnung. Es kam ihr so vor, als fahre er absichtlich langsam. Er ließ sich überholen. Manchmal ging sein forschender Blick zu ihr hin. Sie bemerkte erst jetzt, was ihr entgangen war, solange sie selbst gesteuert hatte; Bruster aber hatte es von dem Augenblick an beobachtet, in dem sie den Laden verlassen hatte: Autofahrer und Fußgänger drehten sich nach ihr um. Schon Hartog hatte gesagt: Der Wagen steht dir! Schwarzes Blech stand ihr noch besser als beiges.
Bruster war schon an vielen schnellen Mädchen in schönen Wagen vorbeigefahren, er war der Typ von Mann, der für derlei Schaustellungen ein dankbares Publikum ist. Er hatte

überholt und sich überholen lassen, auch andere Männer bei diesem Spiel beobachtet, aber nie einen Erfolg erlebt, der dem Rosemaries zu vergleichen gewesen wäre, bei dieser ersten Fahrt durch die Stadt in ihrem Wagen.
Bruster bewunderte fremden Erfolg fast so wie seinen eigenen – eine gute Voraussetzung, mit der Konkurrenz fertigzuwerden. Hier, wo von Konkurrenz keine Rede war, vielmehr das Aufsehen, das Rosemarie erregte, ihn selbst schmückte, genoß er es doppelt. Bisher war er sich von Rosemarie übervorteilt vorgekommen; er hatte die fünfhundert Mark zwar jedesmal bezahlt, ohne mit der Wimper zu zucken, aber es hatte ihn gewurmt. Soviel ist sie nicht wert, hatte er gedacht – aber nun wurde sie es vor seinen Augen. Das Verhalten der anderen Männer ließ ihren Wert steigen, und es sollte nicht lange dauern, bis sie selbst begriff, daß sie teurer geworden war, noch teurer als fünfhundert.
In Hartogs Wagen sitzend, hatte sie solchen Erfolg im Straßenverkehr nicht geerntet. Warum nicht? Sie dachte den Gedanken nicht zu Ende. Ein anderer verdrängte ihn, ein Blitz von einem Gedanken, die überwältigende Erkenntnis einer Gewißheit: Das war nicht Hartogs Wagen, in dem sie saß, das war auch nicht der Wagen des Mannes, der neben ihr saß, das war ihr Wagen! Er gehörte ihr! Armseliges Wort, um auszudrücken, wie Rosemaries Besitzgier sich in diesem Augenblick dieses Wagens bemächtigte, wie er ein Teil von ihr wurde, so eng, so untrennbar mit ihr verbunden wie ein Arm oder ein Bein.
Er gehörte ihr auf eine endgültigere Weise als irgend etwas, was sie vordem besessen hatte – und das war nicht viel gewesen. Hartog war fort, der ihn ihr geschenkt hatte. Sie wußte gut, wie er sich dahin hatte bringen lassen, ihr das Geld zu schicken, in einem versiegelten Wertbrief, den er selber verschlossen und zur Post gebracht hatte. Wäre er statt Bruster neben ihr gesessen, der Wagen wäre immer noch mehr der seine als der ihre gewesen. Aber Hartog war fort, und was sie in den drei Tagen, seitdem er sie verlassen, zunächst empfunden hatte: schade! verwandelte sich in ein Gottseidank! Er ist fort, er wird keinen Anspruch mehr auf diesen Wagen erheben, nicht den kleinsten, es ist mein Wagen, mein Wagen, mein Wagen, mein …

Es dauerte nicht lange, da nannte man sie den Engel mit dem SL. Sie lernte ihn in wenigen Tagen beherrschen. Wenn sie das schwarze niedere Boot mit einer Hand im Schritttempo durch den Verkehr lenkte, wurde ihre vollkommene Identität mit der Maschine ganz deutlich. Sie war nicht Leda mit dem Schwan, sie war Rosemarie mit dem SL, und was immer man über Autos als Symbole des Weiblichen geschrieben haben mag, die Beziehung zwischen Rosemarie und ihrem Wagen war keineswegs lesbischer Natur; sie war, im Wagen sitzend, den Wagen steuernd, in den Augen der Männer, die mit ihr schlafen wollten, dem Bett viel näher, als wenn sie ihnen zu Fuß begegnet wäre; sie war gewissermaßen schon darin. Die reichen Männer stellten nicht nur fest, daß dieses Mädchen teuer war, weil es einen teuren Wagen fuhr, den Wagen, den sie selbst fuhren oder hätten fahren können, wenn sie gewollt hätten; sie sahen auch angesichts dieser schamlosen und radikalen Person im offenen Wagen eine Art körperliche Vereinigung in Permanenz zwischen einem blonden Mädchen und einem schwarzen Auto, ausgeführt auf offener Straße, mitten in Frankfurt, und wenn sie sich dessen auch nicht bewußt waren, so gerieten sie doch spontan in einen Zustand, in dem sie gierig wurden, die Rolle des Wagens zu übernehmen, und glaubten plötzlich, ebenfalls über 105 Pferdestärken zu verfügen, oder vielmehr: über 105 Männerstärken.

Und schon allein damit, daß Rosemarie eine gewisse Schicht von Männern, auf die nach Brusters Kernspruch: Von Geld kommt Geld ihr Auftreten, ihre Karosse und ihre Preise berechnet waren, dazu herausforderte, oder anders gesagt: daß sie ihnen Anlaß bot, Geld und Sexualität zu addieren, erwarb sie sich das Ansehen, dessen sie sich in diesen Kreisen alsbald erfreute. Sie steigerte das schwer angeschlagene Bewußtsein all derer, die im Lift der Konjunktur weit über die ihnen angemessene soziale Rolle hinausgetragen worden waren und sich bei ihrem Anblick sagen durften: Die kauf ich mir, egal was sie kostet, die versteht mich.

Und wenn Herzinfarkte, wie die Ärzte meinen, infolge dieses weitverbreiteten Mißverhältnisses zwischen Persönlichkeit und ihrem wirtschaftswunderlichen, gesellschaftlichen Kurswert auftreten, dann war Rosemarie ein Zaubermittel gegen

Herzinfarkte, und es ist nur gut, daß es der Rosemaries noch viele sind, nachdem die bekannteste von ihnen ermordet wurde.

Selbst die Wohnung, obwohl ihr geschenkt, dieses ganze von ihr zusammengekaufte Zeug, hatte sie im Unterbewußtsein noch als Hartogs Wohnung bisher empfunden, ihr zur Verfügung gestellt von ihm, ihr geliehen, von ihr abzuleisten. Erst jetzt, als sie neben Bruster die Treppen hinaufstieg und den Schlüssel in die Wohnungstür steckte und aufschloß, dachte sie: Das ist meine Wohnung.
Eine erste Ahnung von jener Sicherheit überkam sie, die Besitz verleiht. Von den beiden elementaren Antrieben, Eigentum zusammenzuraffen: Machtgier und Existenzangst, besaß sie den letzteren. Sie hatte Angst in ihrem bisherigen Leben in der krassesten Form kennengelernt; nun fiel die Angst von ihr ab, als sie in die Wohnung am Dornbusch trat und sich sagte: Das ist meine Wohnung. Es war, wie wenn Schmerzen durch eine Morphiumspritze verschwinden. Aber sie wirkt nur vorübergehend.
Wer mit dem Ungeheuer Existenzangst zusammen in diese Welt gekommen ist, bleibt mit ihm lebenslänglich zusammengekettet. Es glotzt ihn aus roten scheußlichen Augen an und fletscht die Zähne. Man kann es allenfalls bannen, nie ganz vertreiben. Die Bannformel wurde für Rosemarie das Geld, das sie nun zusammenzuscharren begann. Hartog und Bruster kannten das Ungeheuer nicht; jener, weil er sich eine besitzlose Existenz nicht vorzustellen vermochte, dieser, weil er ohne Angst lebte; die ABRUDA-Werke waren aus Brusters angeborenem Organisationstalent und aus seiner Geltungssucht hervorgegangen. Killenschiff aber zum Beispiel und auch Nakonski waren erfolgreiche Unternehmer aus Existenzangst geworden.
Die Erleichterung, die Rosemarie empfand, als sie zum Bewußtsein von Eigentum gelangt war, verwandelte sich in eine neue Angst: es wieder zu verlieren. Rosemarie besaß, obschon ihr dazu von Haus aus die Voraussetzungen wahrlich fehlten, den kapitalistischen Urinstinkt, der ihr riet, Umwelt als ein Feindliches anzusehen, begierig, ihr zu schaden. Bereits am nächsten Tage beauftragte sie einen Schlosser, an

ihrer Wohnungstür ein Sicherheitsschloß und einen Sperriegel anzubringen. Sie hatte Angst vor Dieben, noch nicht vor Mördern.

Die Heiterkeit, die sie beim Kauf des Wagens noch gezeigt hatte, war dahin, als sie in der Wohnung angekommen waren. Der Tonfall, mit dem sie sagte: „Geh schon rein, ich bring was zu trinken“, war Bruster neu. Die lernt verdammt schnell, dachte er. Es war ein sehr geschäftlicher, ein sehr unpersönlicher, fast ein befehlender Ton gewesen.
Als sie wieder ins Zimmer trat, mußte Bruster endlich aussprechen, was ihn schon die ganze Zeit bewegte, seitdem er das Geld aus Rosemaries Handtasche hatte quellen sehen: „Wie kommt denn dein Freund Hartog dazu, dir den Wagen zu kaufen?“
„Woher weißt du, daß er von ihm ist?“
„Von wem denn sonst?“
„Habt ihr darüber gesprochen?“
„Kein Wort, meinst du, ich sage ihm, daß wir, daß du und ich ...“
„Er weiß es aber.“
„Was, wie?“ rief Bruster, „er weiß es ...?“
„Er weiß nicht, daß du's bist, nur, daß noch einer ...“
„Versteh ich nicht.“
„Er hat mein Buch gefunden.“
„Was für ein Buch?“
Es lag nicht mehr unter den Nachthemden. Sie hatte es jetzt in der Küche versteckt. Sie ging hinaus und holte es. Bruster schlug es auf, las Zeile für Zeile, Zahl für Zahl. Die letzte Eintragung lautete: von H. 18000.
Der Betrag hatte nicht ganz gereicht, sie hatte sich offenbar am Telefon nach dem genauen Preis erkundigt, denn er war unter den Ausgaben ebenfalls verbucht. Ihr Bestand an Bargeld hatte sich durch den Wagenkauf verkleinert.
Hahaha, lachte Bruster, hahaha. „Doppelte Buchführung mit zehn Spalten ...“
Dann blickte er Rosemarie an, wie er sie auf der Fahrt zu Dornbusch ein paarmal angesehen hatte: prüfend und mit dem Gefallen eines Vaters an einer wohlgeratenen Tochter. Die könnte ich brauchen, dachte er, und von da an war es

nicht mehr weit zu: Die sollte meine Frau sein.
„Du bist richtig, aus dir kann noch mal was werden. Aber ich versteh immer noch nicht, warum er dir den Wagen geschenkt hat.“
„Zum Abschied.“
„Er ist weg?“
„Ja.“
„Ganz weg?“
„Ja.“
„Warum?“
„Wegen dir. Er hat doch gelesen von B. 500.“
„Er ist eifersüchtig? Is ja ’n Witz.“
„Du bist’s nicht?“
„Worauf du dich verlassen kannst. Ich habe meine fünf Sinne zusammen. Wenn ich ’n Goggomobil kaufe, weiß ich, daß ’s kein Rolls-Royce ist.“
„Und deine Frau?“
„Wär vielleicht ganz gut, ich würde sie mal erwischen, dann würde ich sie runterholen von ihrer Einbildung, aber bei ihr weiß man nichts, ich glaube, wenn ich die in einem fremden Bett fände, sie würde sich das Hemd anziehen und sagen: Aber Alfons, du hast wieder nicht angeklopft.“
„Dann klopf halt an.“ Rosemarie hatte es gern, wenn er über seine Frau sprach. Und er tat es offenbar auch gern. Aber das Thema Hartog beschäftigte ihn nicht minder.
„Du willst mir doch nicht weismachen, daß er dir den SL zum Abschied geschenkt hat?“
Rosemarie nickte.
„Das gibt’s doch nicht.“
„Ist aber so.“
„Nee, nee, nee“, sagte er und betrachtete sie mißtrauisch, „so blöd ist kein Mann; das hat mit Geld gar nichts zu tun. Er ist ja ein komischer Vogel, aber das – niemals ...“
„Glaub, was du willst; er hat eine Stinkwut gehabt, wie er das Buch gefunden hat ... Jetzt sitz ich da, und alles wegen dir.“
„Du sitzt da? Aber wie? Die Wohnung hat er dir auch gelassen? Und das ganze hat kaum acht Wochen gedauert. Wenn ich dir damals den Zettel nicht runtergeschmissen hätte, das wäre für Hartog besser gewesen. Aber für dich hat sich’s ge-

lohnt. Sag ja nicht, ich sei schuld. Wenn ich an was schuld bin, dann an deinem Dusel, an deinem unverschämten Dusel, durch den du an so einen Blödian geraten bist. Jetzt hast du diesen Wagen und die Wohnung und“, er nahm das Buch und las, „und viertausendachthundertsiebenundzwanzig Mark in bar. Wundert mich, daß du nicht die Pfennige ausgerechnet hast ...“

„... sind keine.“

„Das ganze Geld von mir hast du gespart und noch mehr ...“

„Aber jetzt hab ich ja nichts mehr sicher, weiß ich, wie oft du kommst?“

„Ich komm schon, aber ich bin ja nicht Hartog. Ich verlang ja nicht, daß du hier sitzt und Pullover strickst, bis Alfons Bruster hier auftaucht. Ich kann dich überhaupt nicht verstehen, du mußt doch Zeit haben. Wenn ich die Zeit hätte, die du vertust, ich würde jedes Jahr eine neue Fabrik in Schwung bringen. Der Tag hat nur vierundzwanzig Stunden, aber die hat er, und was machst du damit? Nichts. Ich hab's doch vorhin gesehen, du hast jede Menge Erfolg. Ich möchte wissen, woher das kommt, so doll bist du gar nicht, aber denen sind ja die Augen nur so aus dem Kopf gefallen. Hast du den gesehen in dem Amerikaner mit der Düsseldorfer Nummer? Wenn du allein gewesen wärst, der wär dir nachgefahren bis ins Bett.“

Die Vorstellungen, denen Bruster nachhing, versetzte ihn selbst in den Zustand des Mannes in dem Amerikaner mit der Düsseldorfer Nummer.

„Wo du's nur hernimmst“, sagte sie, „aber vergiß deine Rede nicht.“

Er vergaß sie nicht. Nicht ausgenutzte Chancen ließen ihn nicht ruhen. Er sah eine Fabrik Rosemarie vor sich; mit Taxameteruhr und Registrierkasse.

„Hier kannst du deinen Laden nicht aufziehen“, sagte er. „So einen wir Hartog findest du nicht noch mal. Die Wohnung liegt viel zu weit vom Zentrum weg, und so eine Einrichtung kannst du deiner Kundschaft nicht zumuten.“

„Wieso nicht?“

„Ist doch alles altmodisch, wenn's noch alt wäre, richtig alt,

Lui käs oder so, wo die ganze Welt ein Puff war, das ging noch, aber es wär auch nicht das Richtige. Du mußt dich so einrichten, wie die zu Hause eingerichtet sind, mit denen du das Geschäft machen willst."
„Wie sind die eingerichtet?"
Sie war ganz bei der Sache, sie begriff alles, was ihr nützte. Nur in dem Fach wollte sie nichts dazulernen, mit dessen Ausübung sie zu Wohlstand kam und zu Reichtum gekommen wäre, wenn sie länger gelebt hätte: in der Liebeskunst. Die primitiven Gebrauchsanweisungen, die ihr einige ihrer Kunden gaben, kann man nicht als Unterricht bezeichnen, und tatsächlich verstanden ihre Kunden ebensowenig davon wie sie selbst. Nur ein südamerikanischer Diplomat gab ihr eine Ahnung davon, was von manchen Völkern auf diesem Gebiet geleistet wird. Aber es machte ihr keinen sonderlichen Eindruck. Für das Gros ihrer Kunden war sie offenbar gut genug, und wenn sich einer zu beherrschen wußte und die Sache hinauszudehnen verstand, so trug dies keineswegs zu ihrem Wohlbehagen bei, im Gegenteil, sie fühlte sich überfordert und, als sie erst einmal begriffen hatte, was Zeit für sie bedeutete, auch übervorteilt. Wenn Bruster gesagt hatte, sie sei eigentlich eine Firma, so traf das vielleicht noch nicht zu, als er die Bemerkung machte; aber kein Zweifel, daß sie zu einer Firma wurde, nachdem sie in die neue Wohnung umgezogen war. Eine Firma freilich höchst eigentümlicher Art: Die Alleininhaberin wußte bis zu ihrem Tode nicht, wofür eigentlich ihre Kunden so hoch bezahlten. Ihr kommerzieller Sinn war außerordentlich, ihre Habgier einzigartig, ihr Einfühlungsvermögen in die Psyche ihrer Kunden beinahe genial, jedoch allein dem Instinkt entspringend und ihr nicht bewußt – nichtsdestoweniger aber war sie eine Hure trivialster Art, in der Konventionen der Huren befangen wie irgendeines der armseligen Geschöpfe, die sich für zehn Mark anbieten und es notfalls auch noch billiger tun. Zu diesen Konventionen ihres Gewerbes gehörte auch, vorauszusetzen, die Männer kämen, um durch die mehr oder weniger kurzschlüssige Ausübung einer natürlichen Funktion sich ein höchst flüchtiges Vergnügen zu verschaffen. Unter dieser falschen Voraussetzung baute sie nach dem Umzug ins Stadtzentrum ihre Firma auf. Sie hätte nicht so

sagenhaft floriert, wäre Rosemarie nicht im elegantesten Prestigewagen ausgerechnet in Frankfurt, der Metropole des neuen Reichtums, auf Kundenfang gegangen. Käuflich, aber unverkennbar teuer – das machte sie zu einer Symbolfigur im neudeutschen Reichtum, gleich diesem so knallig wie primitiv.

Auf ihre Frage, wie jene eingerichtet seien, mit denen sie ihre Geschäfte machen solle, hatte Bruster geantwortet: „So wie ich. Wenn meine Frau mal verreist ist, zeig ich dir unser Haus. Und mein neues Büro. Da wirst du staunen! Aber ich weiß nicht, wann das sein wird. Jeder Tag, den du noch hier bleibst, ist rausgeschmissenes Geld. Geld kommt von Geld, ich kann es nicht oft genug sagen. Bei dir muß es nach Geld aussehen, dann kannst du Preise verlangen. Du kannst nicht im SL fahren und wie die Witwe von einem Regierungsrat wohnen. Schau dir das an ...“ Er nahm die Schleierschwanzfische von ihrem Platz und bewegte sie, als ob sie durch Wellen schwämmen: ju-ju-ju-ju, machte er.

„Gib her.“

Sie ergriff das kostbare Stück, ging ins Bad, öffnete mit dem Fuß den Chromdeckel des weißlackierten Abfalltopfes und knallte die Fische hinein. Sie zersprangen klirrend in tausend Scherben.

„Na also“, sagte Bruster lachend.

Es war die einzige Verschwendung, die sie sich je leistete, die einzige Äußerung von Leichtsinn, die je ein Mann bei ihr erlebte.

„Ich soll die Wohnung wechseln, hast du gesagt?“

„Lieber heut als morgen, es gibt die schönsten Appartments mitten in der Stadt.“

„Aber was das kostet, ich hab doch kein Geld. Dicker, du könntest doch ...“

„Nix, ich bin nicht dein Stifterverband, den Zahn laß dir ziehen. Ich heiße nicht Hartog.“

„Leih mir das Geld, ich zahl’s ab.“

„Fünfhundertmarkweise“, sagte er und lachte.

„Soviel kann ich nicht. Hundert zahlst du jedesmal, und vierhundert schreib ich dir gut.“

Er lag neben ihr und dachte nach. „Hast ’n Bleistift und Papier?“

kostet einen
Nachteinnahmen. Aber
geschäftlichen
geheimen
das ist 10000 Dollar
oder 400000 Francs.
könnten Informationen über
das

Sie brachte ein blaues Schulheft und einen Kugelschreiber.
„Wofür hast 'n das?"
„Da rechne ich und reiß es dann raus."
Er rechnete auch.
„Ich fahr Ende Juli nach Rußland, da komm ich dann drei Wochen gar nicht, und wenn ich zurück bin, nochmal 'ne Woche nach Ägypten, da kocht sich was an, 'n Auftrag über fünfzig Mio, mindestens, also 'n Monat gar nichts von mir, und öfters als einmal die Woche im Durchschnitt komm ich doch nicht, das sind im Jahr rund zwanzigtausend."
Wie? dachte er, das hatte er sich nicht klargemacht, zwanzigtausend? Soviel macht sie allein mit mir? Und steuerfrei. Das waren ja mindestens dreißigtausend brutto, und dann noch mal fünftausend, denn er bezahlte ihr doch nicht vierhundert, sondern fünfhundert. Und das alles für ein paar Nächte im Monat, oder nachmittags, oder sogar nur für Stunden am Vormittag; auch das war schon vorgekommen.
Er hatte nicht an ihrem kaufmännischen Talent gezweifelt, und er war auch davon überzeugt gewesen, daß die Spesen für einen erhöhten Aufwand leicht herauszuholen sein mußten, aber er hatte sich doch nicht vorgestellt, welchen Umfang ihr Geschäft aller Wahrscheinlichkeit nach annehmen würde. Und Hartog hatte ihr noch mehr gegeben, weit mehr als er. Vielleicht gab es doch noch mehr Hartogs?
„Sag mal", sagte er nachdenklich und ließ den Kugelschreiber sinken, „was hat Hartog eigentlich von dir gewollt?"
„Ich weiß nicht", sagte sie, und das war die Wahrheit.
„War er gut?"
„Im Bett nicht."
„Na so was, wo denn?"
Als er weiter in sie drang, sagte sie: „Du möchtest doch auch nicht, daß ich den andern erzähl, wie du bist."
„Richtig."
Er fing wieder an zu rechnen. „Wie hoch war der Baukostenzuschuß? Der stand doch irgendwo in deinem Buch ... Moment mal ..., ja, hier: viertausendfünfhundert ..., viel zuviel für die Gegend, na, du kriegst's ja wieder, zehntausend holst du hier raus mit den Möbeln, mehr nicht ..."

„Dreizehn."
„Bestimmt?"
„Bestimmt."
„Also dreizehn, und mindestens dreißigtausend brauchst du, sonst kannst du gar nicht anfangen ..., nee, Kindchen, was du dir da ausgedacht hast, das ist nichts, das ist keine Basis, und dann will ich vielleicht gar nicht und muß, bloß damit ich wieder zu meinem Geld komm."
„Du willst schon."
„Also, hör zu, ich leih dir zwanzigtausend, den Rest bringst du auf, zwanzigtausend ohne Vertrag, ohne Quittung, ohne Zinsen, und du gibst sie mir in einem Jahr zurück. Ist das ein Angebot?"
„Und du bezahlst außerdem die fünfhundert, wenn du kommst?"
„Ja."
Sie schmiegte sich nicht dankbar an ihn, sie stimmte nicht ohne weiteres zu. Sie dachte nach. Sie nahm ihm das Heft und den Stift weg und setzte sich an den Tisch, und als sie aufstand, weil es sie fror und sie sich einen Kimono holen wollte, hatte sie das Muster des geflochtenen Stuhlsitzes auf der Haut. Er sagte: „Du siehst aus wie eine Eiswaffel."
Es gefiel ihm, daß sie nicht sofort ja sagte, sondern sich die Sache überlegte. Er war absolut sicher, daß er wieder zu seinem Geld kommen würde, und er täuschte sich auch nicht.
„Auf dich müßte man Aktien haben", sagte er, als sie ihm die Summe auf den mit Mosaiksteinen ausgelegten Nierentisch hinblätterte, der auf dem grauen Bodenbelag ihrer neuen Wohnung stand, einem Velour, der an Weichheit und Dichte dem im Blauen Konferenzzimmer nicht nachstand – wie Schmitt einmal feststellte, nachdem er bei Rosemarie ein und aus zu gehen begonnen hatte.
An ihrem Aufstieg war Bruster auch noch dadurch beteiligt, daß er sie Herrn Kleie warm empfahl und daß er ihn außerdem veranlaßte, ihr zu erlauben, in der Halle des Palasthotels sich ebenso unauffällig wie unmißverständlich anzubieten. Aber alle diese Dienste bewahrten Bruster nicht davor, daß er von dem Tag an, an dem sie ihm sein Geld zurückgab, behandelt wurde wie jeder andere.

Wider Erwarten erschien der Minister zur nächsten Sitzung des „Isoliermattenkartells“, zu der ihn die Herren der Industrie über Hoff dringlich eingeladen hatten, nicht. Er ließ sich durch Hoff entschuldigen, der darauf hinweisen konnte, daß der Minister plötzlich, wie auch die Zeitungen gemeldet hatten, nach Amerika habe fliegen müssen. „Sehen Sie bitte darin nicht einen Ausdruck des Desinteresses an ‚Baby Doll‘“, sagte Hoff, „wie ich überhaupt bemächtigt bin, Ihnen zu erklären, daß Sie unser Projekt mißverstehen würden, wenn Sie es ausschließlich unter dem Gesichtspunkt der Rüstung betrachteten.“
„Unter welchem denn sonst?“ murmelte Bruster.
Ohne den Einwurf zu beachten, fuhr Hoff fort: „Unsere rüstungsmäßige Entwicklung ist nach wie vor wichtig, aber sie vollzieht sich mehr oder weniger zwangsläufig im Rahmen der Verträge. Nicht so unsere politische. Was wir in Europa sind und werden, das ist weitgehend in unsere Hand gegeben und in gewisser Weise unabhängig von unserem militärischen Beitrag.“
„Ihr Wort in Gottes Ohr“, sagte Schmitt.
„Wenn das Ding mal fertig ist, wird man einen Sprengkopf mit Atommunition einschrauben, da halt ich jede Wette“, sagte Nakonski, „und das reicht dann, um in einem Gebiet von dreißig Kilometer Radius um den Punkt Null, Radius, nicht Durchmesser, jedes Leben auszulöschen.“ Das hatte er in seinem Roman *Die letzten drei Stunden* gelesen.
„Die Möglichkeit ist nicht bestritten“, sagte Hoff, „aber das heißt nicht, daß ‚Baby Doll‘ als Waffe verwendet werden wird. Im übrigen, Herr Nakonski, wollen Sie doch gewiß nicht, daß unsere Armee mit Pfeil und Bogen ausgerüstet wird?“
„Wir geraten auf Abwege“, warf Hartog ein, dem Hoff aus der Seele gesprochen hatte. „Es ist keine Frage unserer Verteidigungskraft, es ist eine Frage unseres nationalen Prestiges, weshalb wir ‚Baby Doll‘ bauen.“
Bruster, der sich ihres Gespräches im Hotelflur erinnerte, sagte: „Dafür ist deine Firma Spezialist. Aber früher hatten unsere ‚Baby Dolls‘ deutsche Namen.“
„Meine Herren“, sagte Hoff, „bei voller Berücksichtigung des Umstandes, daß Sie sich vor Jahresfrist freiwillig auf unseren

Vorschlag hin bereit erklärt haben, an dem großen Projekt mitzuarbeiten, und Sie sich zu keinem festen Termin verpflichtet haben, muß ich Sie von dem Wunsch des Herrn Ministers, der sich dabei mit dem Kabinett einig weiß, unterrichten, Sie möchten jetzt zu bindenen Erklärungen kommen, bis wann Sie die von Ihnen übernommenen Aufgaben ihrer Lösung zugeführt haben werden."
Ein Gemurmel der Überraschung erhob sich im Kreis.
„Das kann ich nicht", sagte Schmitt, „darauf bin ich nicht vorbereitet."
Andere äußerten sich im gleichen Sinn. Hartog sagte nichts.
„Sie wußten doch, meine Herren, daß wir über Termine sprechen wollen", sagte Hoff. „Für den Fall, daß es sich als unmöglich herausstellen sollte, eine Fixierung des Termins jetzt zu erreichen, sollten wir uns überlegen, ob wir vielleicht andere organisatorische Wege gehen müssen, um zum Ziele zu gelangen."
Härwandter fragte: „Wollten Sie in diesem Fall eine staatliche Entwicklungsstelle ins Leben rufen? Das kostet aber erst recht Zeit."
„Es liegen diesbezüglich keine Entschlüsse vor", sagte Hoff.
Nun wurden alle hellhörig. Keine Entschlüsse, das bedeutete, weniger vorsichtig ausgedrückt: Es bestanden bei der Regierung präzise Pläne. In welcher Richtung liefen sie? Sollte die Privatindustrie bei der Entwicklung von „Baby Doll" ausgeschaltet werden? In diesem Augenblick wären einige bereit gewesen, jede Terminzusage zu geben, um nicht ausmanövriert zu werden. Aber sie waren unter sich nicht einig, und das erleichterte es Hoff, sich durchzusetzen.
Der Ministerialdirektor war offensichtlich nicht bereit, die ministerielle Katze, die er, das war jetzt klar, mitgebracht hatte, vorzeitig aus dem Sack zu lassen. Die Herren wußten nicht, daß hinter Hoffs abgewogenen Formulierungen Berichte standen, in weit schlechterem Deutsch und ohne alle diplomatischen Floskeln vom Geheimdienst abgefaßt. Die Veranlassung, solche Überwachungen durchzuführen, war Mißtrauen gewesen, und ihre Wirkung war eine beträchtliche Steigerung dieses Mißtrauens: eines allgemeinen gegen

die Industrie überhaupt, ob die Verlockung der Ost-Märkte sie nicht zu versteckten Gegnern der Regierungspolitik machen würde; eines ganz speziellen in Sachen „Baby Doll“. Nur an Hartogs loyaler Haltung war nicht zu zweifeln.
Das war die Lage, und die Herren spürten, daß Hoff nicht mit offenen Karten spielte. Von der Begeisterung, mit der man vor einem Jahr an die Sache herangegangen war, war nichts übriggeblieben. Die Sitzung war an einem toten Punkt angelangt, und es bewies Hoffs Meisterschaft in der Führung solcher Verhandlungen, daß er eine Pause vorschlug. „Vielleicht wollen Sie sich untereinander besprechen“, sagte er zuvorkommend. „Ist es Ihnen recht, wenn wir für eine halbe Stunde unterbrechen?“

Die Herren fanden sich pünktlich wieder ein. Hoff betrat nur Sekunden später das Konferenzzimmer. Man setzte sich. Es wurde ganz still, so still, daß man hörte, wie Schmitt Mineralwasser in ein Glas goß.
Hoffs fragender Blick wanderte von Schmitt, der auf sein Glas schaute, zu Bruster, der ihn auffing.
„Reden ist Silber, Schweigen ist Gold“, sagte Bruster.
Alle lachten ein bißchen, es klang mühsam.
Schließlich sagte Schmitt, er war der Älteste in der Runde: „Was erwarten Sie jetzt von uns, Herr Hoff? Wie Herr Bruster vorhin schon gesagt hat, haben wir uns den Verlauf der heutigen Sitzung anders vorgestellt. Wir sind nicht darauf vorbereitet, bindende Termine zu nennen. Dazu müßten wir uns erst mit unseren Entwicklungsabteilungen verständigen. Ich glaube, ich darf hier für alle sprechen, ohne daß ich dazu irgendwie ermächtigt wäre.“
„Das war der Stand der Dinge schon bei unserer letzten Zusammenkunft“, entgegnete der Ministerialdirektor. „Ich bitte Sie zu verstehen, wir sind in einer Lage, in der wir Klarheit über den zeitlichen Ablauf gewinnen müssen. Ich erwarte selbstverständlich nicht eine Festlegung auf einen Tag oder eine Woche, aber über den Monat, in dem die ersten Startversuche stattfinden sollen, müßten wir uns heute einigen.“
Sie blickten vor sich hin.
„Übern Daumen weg würde ich sagen: Herbst nächsten Jah-

res“, ließ sich Bruster vernehmen.
„Unmöglich“, sagte Hoff, „ganz und gar unmöglich.“
Hartog spielte mit seinem Feuerzeug – „24. 3. 1951 Adelheid“ –, jetzt blickte er auf, rutschte ein wenig in seinen Sitz zurück; seine schmalen Hände lagen nun still, die Finger der einen über den Fingern der anderen, auf dem blauen Tuch des Tisches, und auch sein Körper, gerade aufgerichtet, ohne die Lehne des Sessels zu berühren, bewegte sich nicht, und so begann er leise und behutsam zu sprechen:
„Ich glaube, daß hier niemand am Tisch sitzt, dem auch nur der allergeringste Vorwurf zu machen wäre. Wir haben uns in eine für uns neue Materie einzuarbeiten, und wer von uns wüßte nicht, welchen Überraschungen man dabei ausgesetzt ist und wieviel Rückschläge man hinnehmen muß auf dem Wege zu einer neuen großen Sache. Der Termin, den Herr Bruster soeben nannte, um einen ungefähren Anhaltspunkt zu geben, scheint mir insbesondere unter Berücksichtigung unserer Erfahrungen eher noch zu optimistisch zu sein.“
Sie fühlten sich alle in Schutz genommen gegen Hoff.
„Wir müssen mit einer Präzision arbeiten, von der wir alle wohl bisher nichts geahnt haben. Die Kontrollanlagen, die so ein Ding erfordert, damit man feststellen kann, ob es auch richtig funktioniert, scheinen mir fast schwieriger zu entwikkeln zu sein als die Rakete selber.“
Schmitt nickte Hartog zu. „Sie haben ganz recht, nach Proskys Berechnungen werden wir fünfhundert Spezialisten brauchen nur allein für die Vorbereitung und die Kontrolle eines Startversuches der fertigen Rakete.“
„Sehen Sie“, sagte Hartog, „wir unterliegen völlig neuen Arbeitsbedingungen, für die unsere Leute erst erzogen werden müssen ... Wenn ich dergestalt die Schwierigkeit anerkenne, in denen wir uns befinden, so hoffe ich dennoch, daß wir mit unserer Arbeit im Spätwinter zu Rande kommen könnten.“
Hoff nickte. „Ist jemand von Ihnen der Ansicht, daß wir, wenn wir in der bisherigen Weise weiterarbeiten, über diesen Termin realistisch sprechen können?“
Offenbar war niemand dieser Meinung.
Da kommt doch noch was, dachte Bruster. Und es kam.
Hartog erklärte: „Es bietet sich meines Erachtens nur ein an-

nehmbarer, im allgemeinen Interesse liegender Ausweg an. Einer aus unserem Kreis müßte das Opfer bringen, das ganze Projekt zu übernehmen, und sich verpflichten, es mit allen Mitteln zu fördern. Eine beratende Mitwirkung der übrigen wäre dadurch nicht ausgeschlossen, im Gegenteil, sie wäre erwünscht, aber die eigentliche Arbeit müßte in *einem* Werk, an *einem* Platz getan werden. Ich weiß, wovon ich spreche, ich weiß, welche Last dadurch für das betreffende Unternehmen entstünde, und um mich nicht dem Vorwurf auszusetzen, einen Schwarzen Peter ins Spiel gebracht zu haben nur mit der Absicht, ihn einem von Ihnen zuzuschieben, möchte ich sagen, daß meine Firma bereit wäre, das Projekt allein weiter zu verfolgen. Sofort und ohne jeden Zeitverlust. Mißverstehen Sie mich bitte nicht: Wir reißen uns nicht darum, aber ..."

Diese vernünftigen, die nationalen Belange berücksichtigenden Ausführungen ließen sich auf jene kurze Formel bringen, mit der Nakonski nach der Sitzung Killenschiff gegenüber das Fazit zog: „Hartog hat uns überspielt und sich ‚Baby Doll' unter den Nagel gerissen."

Warum, war allen klar. Wurde die Sache ein Erfolg, so würde sie eben „mehr als ein Geschäft" werden, wie Hartog zu Bruster gesagt hatte. Nicht nur kommt Geld von Geld, auch Prestige hat eine Neigung, sich zu vervielfältigen. Die Firma Hartog würde neuen Glanz bekommen.

Man ging auseinander. „Isoliermattenkartell ex", sagte Härwandter, „das muß gefeiert werden." Es zeigte sich, daß dazu niemand rechte Lust hatte.

„Ohne mich", sagte Bruster, „ich reise morgen, ich muß nach Hause."

Hartog und Hoff verabschiedeten sich noch unter der Tür des Blauen Konferenzzimers. Nakonski erklärte, er habe eine Verabredung.

Gernstorff sagte: „Bei der Hitze in die Stadt? Da bleib ich lieber im Hotel, in der Bar ist es kühl."

„Dann komme ich mit Ihnen", sagte Härwandter.

Killenschiff schloß sich an. Schmitt stand unschlüssig vor der Lifttür.

„Fahren Sie gleich weg?" fragte er Bruster.

„Ja, ich muß, aber wenn Sie nichts Besseres vorhaben, ich

wüßte etwas für Sie."
„Sie machen ein Gesicht wie ein Mädchenhändler", sagte Schmitt.
Sie gingen in Brusters Zimmer. „Setzen Sie sich", sagte er, „ich telefonier mal, es verpflichtet Sie zu nichts."
Schmitt setzte sich und schaute sich um. „Sie haben einen van Gogh an der Wand", sagte er, „bei mir ist es ein Liebermann. Es lebe der Farbdruck."
„Immer noch besser als Landkarten aus dem sechzehnten Jahrhundert, auf denen man sich nicht auskennt. Beim van Gogh weiß man wenigstens, was drauf ist."
„In echt wäre er mir lieber", sagte Schmitt.
„Ich hab gehört, Sie sammeln moderne Bilder", sagte Bruster, „wenn man's versteht, soll's ein Geschäft sein. Ich bin mehr für Madonnen, frühes Mittel ... – hallo!"
Endlich meldete sich die Zentrale. Er verlangte die neue Nummer Rosemaries. „Ich bin froh, daß ich die Sache los bin", sagte er, den Hörer am Ohr. „Sie anscheinend nicht!?"
„Ja und nein. Jetzt schöpft Hartog den Rahm ab."
„Es hat mich zuviel Zeit ge... – ja, hallo, bist du's? Wie geht's? Alles schon ganz feinchen bei dir? – Na, ich sag's ja. Hör zu, Kindchen, ich kann heut nicht mehr kommen, morgen früh flieg ich, ich muß nach Hause ... Nee, arbeiten, arbei-ten, was denn sonst ... Ja, erst wenn ich zurück bin, spätestens in drei Wochen, dann nur noch auf russisch ... Das weiß ich auch nicht ... Nee, das fällt dort flach, so was gibt's dort nicht ... Was machst du denn jetzt? ... Nein, wirklich, unmöglich, aber ich hätte hier jemand, der langweilt sich ... Das mußt du ihn selber fragen, ich geb ihm deine Adresse ... Schmitt – ja, Schmitt wie Müller – also, mach's gut, Kindchen, und vergiß mich nicht. Ich meld mich wieder ... Tschüs!"
„Wie heißt sie denn?" fragte Schmitt, nachdem Bruster den Hörer aufgelegt hatte.
„Rosemarie", sagte er, „meine Entdeckung. Hier ist die Adresse. Ich sorg wie ein Vater für sie."
„Sind Sie an der Dame beteiligt?"
„Wenn ich's wäre, würde ich jedenfalls bong davon leben."
„Also teuer?"

„Sie werden es bezahlen können. Wie machen Sie das eigentlich, Schmitt, ich hab nachgeschaut im Who 's Who, wann Sie geboren sind, aber wenn Sie nicht die weißen Haare hätten, würde ich sagen, Sie sehen aus wie vierzig. Keine Falte. Und die Haare machen Sie eigentlich noch jünger. Und es macht Ihnen immer noch Spaß."
„Warum sollte es nicht", sagte Schmitt.
Während Bruster mit Rosemarie sprach, waren auf dem Vermittlungsschrank der Telefonzentrale auch die Zimmer 317 und 121 miteinander verbunden. Hoff sprach mit Hartog.
Hartog: „Ich glaube, da kann nichts mehr passieren."
Hoff: „Von unserer Seite aus bestimmt nicht. Es wäre uns unangenehm gewesen, wenn sich Differenzen ergeben hätten."
Hartog: „Mir auch. Wir hoffen, Ende Februar mit den Startversuchen beginnen zu können."
Hoff: „Ausgezeichnet. Ich muß Sie schon jetzt darauf aufmerksam machen, daß die Bundesrepublik keinen Orden mehr zu verleihen hat, den Sie noch nicht besitzen. Aber falls Sie Botschafter werden möchten ..., in Amerika geht big business in die Diplomatie."
Hartog: „Wenn der Posten in Moskau frei wird, können Sie mich empfehlen."
Hoff: „Ist das Ihr Ernst?"
Hartog: „Ich würde sagen: zu dreiunddreißigeindrittel Prozent. Wissen Sie, daß Bruster morgen nach Moskau fliegt?"
Hoff: „Das kann niemand nicht wissen. Er redet doch unausgesetzt davon. Übrigens keine schlechte Taktik."
Hartog: „Im Vertrauen, Herr Hoff, was glauben Sie, welchen Eindruck es höheren Orts machen würde, wenn ich die Herren da drüben auch mal besuchte? Es ist eine ganz theoretische Frage."
Hoff: „Wir sprechen noch darüber."
Fast gleichzeitig glommen die Lämpchen auf, die das Ende der beiden Gespräche anzeigten. Das Fräulein zog die Stöpsel heraus. Sie saß vor einem großen Schrank voll stummer Geheimnisse und las, wenn wenig los war, eine Illustrierte, um sich nicht zu langweilen, während die Wirklichkeit durch die Drahtbündel floß.

Rosemarie hätte für Schmitt an diesem Abend keine Zeit gehabt, wäre es nicht die Zeit gewesen, in der sie Bruster erwartet hatte. Ihr Terminkalender für ihre Hauptgeschäftszeit zwischen fünf Uhr nachmittags und zwölf Uhr nachts war an diesem Tag voll, und wenn Bruster die Verabredung nicht hätte schießen lassen müssen, so hätte er bereits an diesem Abend und nicht erst nach Rückkehr von seinen Reisen die Erfahrung gemacht, daß die schönen Dornbuschzeiten vorbei waren, in denen er endlos von seinen Geschäften, von seinen Erfolgen und ein bißchen auch von seiner hochnäsigen Frau und seinem wunderbaren Haus plaudern konnte, wozu Rosemarie nicht mehr beizusteuern hatte als von Zeit zu Zeit ein: Is ja doll, Dicker, oder: Das hast du aber prima gemacht. Das waren trauliche Stunden gewesen, eine rechte Erholungszeit, und Rosemarie hätte viel von den geheimsten Geheimnissen der ABRUDA-Werke erfahren, wenn sie den geringsten Anlaß gesehen hätte, auf das zu achten, was er ihr erzählte. Durch seine Absage blieb er zunächst davor bewahrt, zu erkennen, daß er sich den Ast abgesägt hatte, auf dem er wie ein Paradiesvogel gesessen und sich hatte bewundern lassen – abgesägt, weil er seinen Managertrieb auch an Rosemarie ausgelassen hatte.
Mit dem Umzug in die neue Wohnung hatte die dritte Phase ihres steilen Aufstieges begonnen. Bruster hatte an sein Geld die Bedingung geknüpft, daß sie sich bei der Einrichtung nicht selbst betätigen durfte, sondern eine Firma, die er ihr nannte, gewähren lassen mußte. Diese lieferte von den Möbeln bis zum Geschirr alles, sie zauberte in die fünf mal vier Wände – großer Wohn- und Arbeitsraum, Flur, Küche, Bad, Koffer- und Abstellraum – jene Vogelbauerleichtigkeit aus Glas, Bambus, farbigen Stoffen, Grünpflanzen, ungestrichenem Holz und großen Lampen, die einerseits die Flüchtigkeit unseres Daseins auf dieser Welt zum Ausdruck brachte, es andererseits unwahrscheinlich machte, daß wir durch böse Vernichtungskräfte vorzeitig und jäh dahingerafft würden. Die Möbel waren so leichtsinnig wie das Jahrzehnt. In wenigen Tagen war alles fertig. Als Rosemarie alle Rechnungen in ihrem Kontobuch zusammenzählte, ergab sich, daß sie nicht dreißig-, wie Bruster veranschlagt hatte, sondern rund vierzigtausend Mark zu bezahlen hatte. Das beschwerte sie

aber nur eine Woche lang. Weder die Hausverwaltung noch die Lieferfirmen bemerkten etwas davon, daß sich Rosemarie kurzfristig übernommen hatte. Noch vor ihren Fälligkeitsterminen waren die Rechnungen bezahlt.
Rosemaries neues Interieur war ein modischer Ausdruck für geschäftlichen Erfolg schlechthin; ihre Kunden fühlten sich bereits von der Einrichtung verstanden. Bruster hatte Rosemarie gesagt, diese Wohnung werde die Basis ihres Geschäftes sein, ebenso wie ihr Wagen – daran hielt sie sich und sah es um so mehr ein, als der Erfolg augenblicklich eintrat.
Wie erstaunt wären die vornehmen, adeligen Aushälter einer Nana gewesen, wenn sie sich aus ihren Gräbern hätten erheben können, um die Wohnung Rosemaries in Augenschein zu nehmen: welche Ordnung, was für ein abstoßender Mangel an Intimität! Die Einfachheit wäre ihnen schäbig erschienen und die Couch dem Feldlager eines Generals ähnlicher als einem Pfuhl der Sinnenlust. Diese vier Wände des großen Raumes, vor deren eine, fast ganz aus Glas, stets ein leichter weißer Vorhang am Tage, ein dichter weinroter bei Nacht gezogen war, ließen kaum erraten, ob hier ein Mann oder eine Frau wohnte, und noch viel weniger enthielten sie einen Hinweis auf den Beruf ihrer Bewohnerin. Aber eines zeichnete sie aus: Sie waren von vollkommener Unverbindlichkeit, und insofern bildeten sie doch das ideale Milieu für Rosemaries Beruf.
Zeit zu haben kann sogar ein Mädchen wie Rosemarie etwas weniger ordinär erscheinen lassen, als es ist. Als sie noch keinen Terminplan führte, hatte sich in ihrer Beziehung zu Hartog und Bruster am Dornbusch ein Gran individueller Zuneigung entwickeln können, und was Hartog betrifft, vielleicht sogar ein bißchen mehr, obwohl er so erpicht darauf gewesen war, das Menschliche nicht hochkommen zu lassen. Aber als sie keine Zeit mehr für den einzelnen hatte, teilte sie das Schicksal vieler ihrer Besucher, die in ihrem sonstigen Leben auch keine Zeit hatten, ausgerechnet bei ihr jedoch gern etwas mehr Zeit zugebracht hätten, als sie ihnen zubilligte: Dieses Gran Menschlichkeit ging zum Teufel. Sie wurde eine Unternehmerin.
Da man von Hartog absehen muß, der in seiner ersten Rosemarie-Zeit – es folgte ihr eine zweite – nichts als die körper-

liche Begegnung suchte, ins Mechanisch-Artistische gespielt, so war Bruster vielleicht der einzige Mann in ihrem Leben, dem sie wenigstens anfänglich auch außerhalb der sexuellen Sphäre alles bot, was er suchte; dem gegenüber sie sich als reell erwies, indem sie ihm gab, was er für sein Geld füglich erwartete: Sie ließ ihm Zeit, sich auszusprechen, sie sagte zur richtigen Zeit: Ja, Dicker – sie war Beichtstuhl und Richterstuhl zugleich, und in beiden Funktionen war sie so vollkommen korrupt, wie er es von ihr erwartete. Bruster riskierte bei ihr nicht mehr als mit sich selbst, und die einzige Gefahr, die von ihr hätte drohen können und der sie schließlich selbst zum Opfer fiel: die der Indiskretion oder mindestens der Drohung mit Indiskretion, bestand für ihn im Dornbusch noch nicht.

Es waren vergleichsweise idyllische Verhältnisse gewesen. Abgesehen von den vierzehn Tagen, die Hartogs Rückzug vorausgegangen waren, hatte sie dort gleichzeitig nur mit einem Mann gelebt. Gewiß nicht aus Treue, sondern weil die Einkünfte, die sie aus dieser fragmentarischen Monogamie erzielte, sich so märchenhaft von ihren Einkünften jener Jahre unterschieden, in denen sie wie eine streunende Katze gelebt hatte. Gewiß wäre Rosemarie auch ohne Bruster, ohne SL und ohne die neue Wohnung daraufgekommen, daß ihre Möglichkeiten, Geld zu machen, sich ausbauen ließen – aber es wäre nicht so schnell gegangen.

Doch wie dem auch sei, es war erst der dritte Mann aus dem „Isoliermattenkartell", der Rosemarie von der horizontalen auf die schiefe Ebene brachte: Schmitt, der so überaus vertrauenerweckend aussah, der zu seinem weißen Haar das ganze Jahr hindurch eine sorgsam gepflegte dunkelbraune Hautfarbe trug, an deren Erzeugung die teuren Sonnen berühmter Kurorte beteiligt waren; Schmitt, der sein Leben lang nur teure Speisen gegessen, sich in teure Stoffe gekleidet, mit teuren Frauen geschlafen hatte; Schmitt, der geschäftlich und persönlich sich des höchsten Ansehens erfreute.

Rosemarie war nicht sehr erstaunt, einen weißhaarigen Herrn vor ihrer Tür zu sehen. Sie hatte schon einmal, in ihrer prähistorischen Epoche, Geld von einem alten Mann bekommen. Er hatte sie mit weichen Farbstiften bemalt, deren

Spuren sie nur schwer wieder hatte entfernen können. Dieser hier sah jedoch eigentlich nicht nach Farbstiften aus.
Er blickte sich mit der gleichen Selbstverständlichkeit bei ihr um, wie es Bruster bei seinem ersten Besuch am Dornbusch getan hatte. Er bewegte sich jedoch bedächtig, er ging mit kleinen schnellen Schritten, und seine Stimme war zuweilen so leise, daß sie ihn kaum verstehen konnte.
„Du wohnst noch nicht lange hier?"
„Nein", sagte sie.
Er ging quer durch den Raum zum Fenster. „Schön", sagte er, „sehr raffiniert. Ich möchte ja so nicht wohnen, ich käme mir immer vor wie ausgestellt, aber ich will ja auch nicht hier wohnen."
Hinter dem durchsichtigen Vorhang und der Glaswand ging eine sommerliche blaue Stunde zu Ende. Rosemarie schaltete die Deckenbeleuchtung an und wollte den zweiten Vorhang vorziehen. „Nein", sagte er, „das ist doch schade. Lösch das Licht wieder."
Er hob den Vorhang ein wenig zur Seite und schaute hinaus. „Wirklich schön in dieser Beleuchtung", sagte er, „das sollte mal einer malen. Ich hätte nicht gedacht, daß Frankfurt ... Woher kennst du Bruster?" fragte er nach einer Weile, noch immer den Blick auf die gegenüberliegenden Gebäude gerichtet, deren gläserne Fassaden wie polierte Stahlplatten aussahen. Das Tageslicht schwand dahin. In tiefer gelegenen Stockwerken wurden Arbeitszellen bereits von innen beleuchtet.
„Von einem Reitfest."
„Kannst du reiten?"
„Ja."
„Was war denn das für ein Reitfest?" fragte er mit einer Betonung, die dem Wort einen obszönen Sinn gab.
„Vom Klub."
„Hm", sagte Schmitt. Und plötzlich: „Willst du mit mir verreisen?"
„Wohin denn?"
„Irgendwohin. Im Süden ist es jetzt zu heiß. Ich habe nächste Woche drei Tage Zeit. Nach Schweden vielleicht."
Sie sah nicht ein, was es ihr nützen sollte, herumzufahren. Sie hatte kein Verlangen nach Ortsveränderung. Sie glaubte

nicht, durch Reisen ihre Einnahmen zu vergrößern. Erst später, als sie genauere Einblicke in die Organisation der Welt ihrer Kunden gewonnen hatte, fuhr sie zu Tagungen und Versammlungen, wo ebendiese Kunden gehäuft auftraten und ein bequemes Alibi hatten. Noch genügte ihr Frankfurt durchaus. Sie war vollkommen im Einklang mit sich selbst, nichts drängte sie, ihr Leben zu vervielfältigen, es hatte keinen doppelten Boden wie das Leben all der Männer, die auf der Flucht vor sich selbst oder vor der pompösen Sinnlosigkeit ihrer Arbeit zu ihr kamen, um Wirklichkeit zu finden. Sie hatte keine Ursache, vor sich selbst zu fliehen, und um den Reiz der Fremde vorzuschmecken, fehlte es ihr an Phantasie. Sie war überhaupt nicht neugierig.
„Ich kann jetzt hier nicht weg", sagte sie und dachte an ihre unbezahlten Rechnungen.
Komisch, dachte Schmitt, es gibt eine Frau, die nicht reisen will. Aber warum eigentlich nach Schweden? Wie jetzt die Licher überall aufflammten, die ersten Sterne sichtbar wurden und in dem tiefen Graben der Straße die Scheinwerfer der Autos hin und her zu huschen begannen, fiel ihm Paris ein. Natürlich, jetzt war die richtige Zeit für Paris, die Stadt war jetzt leer, die Franzosen hatten Zettel an ihre Wohnungstüren und Ladentüren geheftet: Bin in Ferien. Schmitt kannte die Stadt so gut, daß er sich zutraute, sie abseits der Herden amerikanischer Touristen genießen zu können.
„Drei Tage Paris", sagte er.
„Warum?" sagte Rosemarie.
Er begriff, daß diese blonde Person, die so durchschnittlich aussah, einen ungewöhnlichen Charakter besitzen mußte.
„Dann nicht, man soll keinen Hund auf die Jagd tragen."
„Wie heißt du?" fragte Rosemarie. Sie wollte aufs Geld zu sprechen kommen.
„Ist doch egal. Wir sollten uns erst mal anders kennenlernen."
„Ich habe bis zehn Uhr Zeit."
Er schaute auf die Uhr. Sie kam an einem etwas behaarten Arm unter der Manschette seines weißen Hemdes hervor, zu dem er eine schwarze gestrickte Krawatte trug. „Es ist schon neun vorbei", sagte er.
„Du bist ja schon eine halbe Stunde da."

„So möchte ich es nicht, das ist ungemütlich. Ich hab heute nichts mehr vor."
„Aber ich."
„Ich habe jetzt deine Nummer, wir treffen uns ein andermal."
„Ich habe die Zeit für dich freigehalten."
„Für mich? Für Bruster!"
„Ja, zuerst, aber dann für dich."
„Du willst also Geld?"
„Ja."
„Hör mal", sagte er, „mir gefällt das hier. So etwas suche ich – nicht für mich persönlich. Vielleicht kann ich dir einen Vorschlag machen. Aber nicht jetzt. Das müssen wir in Ruhe besprechen. Ich komme übermorgen wieder, am liebsten um dieselbe Zeit. Paßt es bei dir?"
Sie ging zum Telefon, neben dem ein Büchlein in grünem Leder lag. Sie hatte sich denselben Notizkalender gekauft, den sie bei Bruster gesehen hatte. „Das geht." Sie trug den Termin ein.
„Aber dann den ganzen Abend, du wirst sehen, es lohnt sich. Ich komme bestimmt, du kannst dich darauf verlassen."
Sie brachte ihn zum Lift, ohne noch einmal von Geld zu sprechen.

Er fand sich zur verabredeten Zeit ein. Seine Rüstigkeit überraschte sie und wurde ihr bald lästig. Aber sie fand sich mit Rücksicht auf andere Dienste damit ab, für die sie dieser Kunde zu bezahlen versprach. Er leitete die vierte Phase ihres Lebens ein, jene, die bis zu ihrem Tode währte, die Phase der Zweckentfremdung einer Prostituierten. So war die dritte nur kurz gewesen – jene, in der sie frei und ungebunden die Straßen Frankfurts auf Kundenfang abgefahren war. Sie graste zwar auch späterhin noch zuweilen Frankfurt ab, aber das tat sie auf Schmitts Rat hin mehr zur Tarnung als aus unmittelbarem Geschäftsinteresse; so wie ein Arzt, der im wesentlichen von Abtreibungen lebt, doch auch zuweilen Blinddärme und Mandeln operiert, um die Quelle seiner Einnahmen nachweisen zu können.
Als sie in vielfältige Verpflichtungen eingespannt war, die weit mehr von ihr verlangten als nur körperliche Dienstlei-

stungen, bedauerte sie es rückschauend fast, daß die Zeit, in der sie ein free-lancer der Großstadt gewesen, so rasch vorübergegangen war. Das Aufsehen, welches sie erregte, wenn sie langsam an den Rändern der Bürgersteige entlangfuhr, schmeichelte ihrer Eitelkeit. Nie dauerte es lange, bis ihr ein anderer Wagen nachfuhr, in dem ein Mann saß oder deren zwei. Diese motorisierten Fische waren am einfachsten an Land zu ziehen. Sie fuhren ihr bis zu ihrem Haus nach. Wenn sie hielt, waren sie schon an ihrer Seite. Das Verkaufsgespräch kam rasch in Gang. Manchmal verließ sie auch den Wagen und suchte die Halle des Palasthotels auf, wo ihr Chefportier Kleie Hilfestellungen gab. Die einzigartige Mischung von sehr teuer und sehr billig, die sie darstellte, zeigte, wie genau sie begriffen hatte, wie ihr Markt beschaffen war und was verlangt wurde. So genau inszenierte sie ihre Wirkung, daß sie zum Beispiel in Gesellschaft Champagner trank, obwohl sie ihn widerwärtig fand, nur weil sie wußte, daß ihre Kunden französischen Champagner für ein standesgemäßes Getränk hielten, dessen Konsum sie als soziale Verpflichtung auffaßten.

Ihre Garderobe hatte sich verbessert. Sie zog sich jetzt wenigstens modisch an, und wenn sie auch nicht eigentlich elegant war, so konnte sie doch im Wagen auf den ersten Blick zuweilen fast für eine Dame gelten – sehr zum Leidwesen von Ehefrauen, die den gleichen Wagen fuhren, der Rosemaries Signalelement geworden war. Insbesondere hatte die Frau eines in Frankfurt ansässigen Diplomaten unter Verwechslungen zu leiden, hinter ihr tönten, wenn sie zum Einkaufen durch die Stadt fuhr, die schrillen Beifallspfiffe amerikanisierter junger deutscher Firmenprinzen her; oder sie fand unter dem Scheibenwischer Zettel eingeklemmt, auf denen ihr ein Paul M. oder ein Karl Wilhelm v. K. oder ein „Du weißt schon von wem“ einen Termin vorschlug.

Es ist verwunderlich, wie rasch sich in bestimmten Kreisen Rosemarie herumsprach; aber es ist vielleicht noch erstaunlicher, daß sie doch eigentlich nur in diesen Kreisen schon zu ihren Lebzeiten zu einer Fama geworden war, obwohl sie ohne Zweifel eine Erscheinung des ganzen öffentlichen Lebens von Frankfurt war. Es war, als habe sie eine soziale

Tarnkappe getragen, die sie für das Volk wenn nicht unsichtbar, so doch uninteressant machte. Das änderte sich erst nach ihrer Ermordung. Durch sie wurde sie bundesweit bekannt.

Am Tage vor seinem zweiten Besuch bei Rosemarie hatte Schmitt eine längere Besprechung mit seinem Generaldirektor, an deren Ende er sagte: „Haben Sie noch zehn Minuten Zeit? Ich hätte noch gerne etwas besprochen ..., es gehört nicht zur Sache, aber es ist ein Punkt, den wir längst klären sollten. Graudenz war vorige Woche bei mir und hat sich bitter darüber beklagt, daß er fast keinen Abend mehr zu Hause sei.“
„Ich weiß“, sagte Wallnitz, „an ihm bleiben immer unsere gesellschaftlichen Verpflichtungen hängen. Aber er macht das auch glänzend.“
„Eben“, sagte Schmitt, „unsere Freunde wollen sich abends amüsieren. Graudenz wies nach, daß er von den sieben letzten Abenden vier in Frankfurt verbracht hatte. Und nicht nur Abende, die halben Nächte gingen drauf. Da war Krantz, der bekam die Abendmaschine nach London nicht mehr und wollte die Gelegenheit benützen; das andere Mal mußte er die drei Knaben aus Sydney ausführen, die sollen die Schlimmsten gewesen sein; am Donnerstag voriger Woche nach der Sitzung sagte Hauner zu ihm: Kommen Sie, Graudenz, wir machen uns einen vergnügten Abend, und am Sonnabend, als er endlich nach Hause fahren wollte, zu einer vernünftigen Zeit, hatte er die Burschen aus Hamburg am Halse, die Ölfritzen. Und da ist nur Graudenz. Sie wimmeln ja so was ab, Walter, aber die anderen vom Verkauf und Einkauf und von der Werbung und public relations ...“
„... die sind dafür da“, warf Wallnitz ein.
„... was zuviel ist, ist zuviel. Wenn es noch amüsant wäre, aber es ist doch immer dasselbe, ich könnt’s ja auch nicht, und es hört nie auf; der Alkohol, und was dann noch so fällig wird ...“
„Da hilft uns doch Kleie ...“
„Natürlich, der ist Gold wert ...“
„Das ist ihm nicht unbekannt!“

„Lassen Sie ihn, er ist genau der richtige Mann am richtigen Platz, diskret, zuverlässig, geschickt …"
„Wollen Sie ihn engagieren statt Graudenz?"
„Das nicht. Ich dachte nur, wir müssen zu einer Lösung kommen, die unsere Herren entlastet. Erstens sollten wir so eine Art Grüß-August anstellen, einen, der nach etwas aussieht und Manieren hat und Alkohol verträgt, einen, der nicht tagsüber im Büro sitzt, sondern abends frisch ist. Für ganz besondere Fälle können unsere Herren immer noch einspringen, manchmal empfiehlt sich's ja auch, am Mann zu bleiben, aber das Gros, das da täglich so angeflogen kommt, das könnte so ein Herr betreuen."
„Und zweitens?"
„Es bleibt doch meistens nicht beim Saufen. Ich habe da neulich eine junge Dame kennengelert …, grinsen Sie nicht, oder meinethalben grinsen Sie, ich bekam ihre Adresse durch Bruster an dem Abend, als ‚Baby Doll' geplatzt ist. Er dachte wohl, ich hätte Trost nötig, aber der Trost blieb aus, die junge Dame hatte keine Zeit. Sie heißt Rosemarie."
„Wollen Sie die auch anstellen?"
Schmitt zündete sich eine Zigarette an. „So ähnlich. Sie hat eine tadellose Wohnung im Zentrum, Lift und Bad und alles, was man sich nur wünschen kann. Und sie selber kann man auch vorzeigen. Sie hat etwas, ich weiß noch nicht, wo es liegt, aber das hab ich im Gefühl, die ist genau richtig. Sieht aus, wie so eine blonde Puppe eben aussieht, aber inwendig ist sie nicht blond, wenn Sie verstehen, was ich meine … Sie glauben jetzt, der Alte hat sich verknallt, Unsinn, da wäre einer bedient, der sich in die verknallen würde, die hat etwas Eisern-Eisiges …"
„Klingt nicht sehr verlockend, ausgerechnet Eisern-Eisiges zum …"
„Ach, Wallnitz, nun spucken Sie das Wort schon aus: Zum Vögeln heißt das. Ja, eisern, aber Sie haben sie nicht gesehen, sonst würden Sie mir recht geben. Sie redet nicht viel, aber sie kann zuhören. Ich sage Ihnen, mit der würden Sie sich auch ganz gern unterhalten …"
„Die hat es Ihnen aber gehörig angetan", sagte Wallnitz amüsiert, „ich denke, sie redet nicht viel …"
„Unterhalten Sie sich lieber mit Leuten, die viel reden oder

die gut zuhören? Ich dachte, wir bezahlen die Person pauschal, sie fährt einen SL ...“
„Was fährt sie?“
„Einen SL.“
„Dann ist sie jedenfalls teuer.“
„Sicher“, erwiderte Schmitt, „das sieht man sofort, und das ist ja auch gut so.“
„Und da soll dann unser Grüß-August, den wir noch gar nicht haben ...“
„Ja, der soll die Arrangements machen, und so bekommt alles ein bißchen Form und Gesicht. Am besten wäre ein Adliger, das macht bei den Amerikanern immer Eindruck, ich werde Kueltz sagen, er soll inserieren.“
Kueltz war der Personalchef von Mallenwurf & Erkelenz. Schmitt entnahm einem Kästchen einen Notizzettel und schrieb darauf: Grüß-August!/Kueltz.
„Und wie verbuchen wir das, was unser Privatpuff kosten wird?“
„Jetzt sind Sie direkt, Walter; entweder unter Werbung oder Repräsentation, da wird Hofmannstal schon was einfallen.“
Hofmannstal war der erste Steuersachverständige der Firma.

Das Inserat hatte folgenden Wortlaut:

> Großes Industrieunternehmen, Raum Frankfurt, sucht
> einen Herrn
> mit tadellosen gesellschaftlichen Umgangsformen, gebildet und sympathisch, aus nur bester Familie, Mindestalter 45 Jahre, der die Repräsentationspflichten unserer Firma gegenüber unseren auswärtigen und ausländischen Geschäftsfreunden übernehmen soll. Englisch und Französisch Bedingung, Spanisch erwünscht. – Es muß sich um eine absolut vertrauenswürdige Persönlichkeit handeln. Handgeschriebener Lebenslauf usw. ...

„Daß er adelig sein soll, brauchen wir gar nicht zu schreiben“, hatte Kueltz gesagt, „die Prinzen melden sich sowieso.“ Es meldeten sich einundzwanzig Bürgerliche ohne, acht mit Doktortitel, vierunddreißig, die nur ein schlichtes „von“ oder „v.“ vor ihrem Namen hatten, drei Grafen und

ein Fürst. Der Fürst, Karl Heinrich v. Ölsen-Ölsingen, bekam die Stellung; nicht deshalb, weil er den höchsten Rang unter den Bewerbern hatte, sondern weil er auch sonst die besten Voraussetzungen mitbrachte.
Die Gefahr, daß er sich Indiskretionen zuschulden kommen lassen würde, war minimal, dank eines hohen Grades von Wahrscheinlichkeit, daß er sich für die Geschäfte von Mallenwurf & Erkelenz nur wenig interessieren würde. Er hatte einmal im Auswärtigen Dienst gearbeitet; was nicht aus Bonn kam, hielt er für belanglos.
Das Arrangement mit Rosemarie traf Schmitt selbst. Sie bewies ihm an Hand ihrer Buchführung, was sie eingenommen hatte, seitdem sie in die neue Wohnung gezogen war, und was sie demzufolge als Pauschale verlangen mußte. Er sah ein, daß es unmöglich war, sie einzig und allein für seine Geschäftsfreunde zu verpflichten. Es wäre eine außerhalb jeder Proportion stehende Summe gewesen. „Wenn du dir nur die Abende für uns freihältst und sonst machen kannst, was du willst, wo kommen wir dann hin?“ fragte er.
Sie hatte gerade angefangen, ihre erste Kartei anzulegen, nach dem Alphabet geordnet. Ihre Absicht war, jenen Kunden den Vorzug zu geben, die sich mit der kürzesten Zeit zufriedengaben; sie vermerkte deshalb die Besuchszeiten mit Anfang und Ende. Schmitt sagte: „Zeig doch mal!“ Aber sie verwehrte ihm den Einblick. Hätte er feststellen können, daß die Karten die vollen Namen trugen, so wäre er vorsichtig genug gewesen, Rosemarie entweder von diesem Übermaß an Systematik abzubringen oder seinen Plan ganz aufzugeben.
Sie las ihm, ohne Namen zu nennen, aus der Kartei vor, er machte sich Notizen. Es ergab sich, daß sie zwei Drittel ihrer Einnahmen zwischen 19 Uhr und 3 Uhr früh erzielte, in jenen Stunden also, die für die Schützlinge des Fürsten Karl Heinrich ausschließlich in Frage kamen, da sie tagsüber beschäftigt waren.
Schmitt war nicht bereit, zwei Drittel von Rosemaries Einkommen zu garantieren.
„Dann geht's eben so nicht“, sagte er, „aber wir haben ja deine Adresse und können von Fall zu Fall anrufen.“
„Wer bezahlt dann?“
„Wir.“

„Woher weiß ich das?“
Die Frage war berechtigt. „Wir könnten ein Kennwort ausmachen, wenn sich einer mit diesem Kennwort meldet, braucht er nicht zu bezahlen. Das verrechnen wir dann.“
„Das ist nicht gut“, sagte sie, „das spricht sich rum, da gibt’s Betrug, und dann stimmt’s nachher nicht.“
Auch Schmitt dachte nach. Das Problem mußte sich doch, zum Teufel, lösen lassen.

Schmitt war wohl der intelligenteste von allen reichen Männern, die zu ihr kamen; es machte ihm Spaß, die Welt mit ihren Augen anzusehen und ihre ameisenhafte Monomanie zu beobachten. Sein kritischer Verstand war in der Lage, das Verwandte zwischen ihnen zu begreifen, und er sagte einmal zu Wallnitz: „Jetzt versteh ich, was die roten Brüder mit Monopolkapitalismus meinen. Es gibt einen Drang, hochzukommen, wenn man den hat, macht einen jede Konkurrenz rasend.“
Diese Bemerkung fiel in einem Gespräch über Rosemarie, das Wallnitz mit einer gewissen Dringlichkeit herbeiführte, als er von einem Flug nach Hamburg zurückkam. Kueltz hatte gerade tags zuvor den Fürsten engagiert.
„Wie steht’s denn mit Ihrer SL-Dame?“ fragte Wallnitz.
„Das wird nicht so, wie ich’s mir gedacht habe. Sie werden lachen, Walter, aber wir können uns die Puppe nicht leisten. Männer sind solche Idioten; was die ihr bezahlen!“ Das sagte dieser Schmitt, der Rosemarie für einen Abend 700 Mark bezahlt hatte.
„Sie sind also nicht klargekommen?“
„Nein, jedenfalls nicht pauschal. Von Fall zu Fall, wenn’s dafür steht, kann unser Fürst – haben Sie ihn schon gesehen? Macht keinen schlechten Eindruck – oder Kleie Verabredungen treffen, die wir dann übernehmen. Ich hab mir gedacht, wir könnten Gutscheine ausstellen ...“
Wallnitz sprang vom Stuhl auf und lachte schallend. „Gutscheine ...!“ rief er, „Herrgott, ist das komisch, das würde kein Mensch von Ihnen glauben – Gutscheine, haha.“
„Sie hat gesagt, wie soll ich denn wissen, wer von euch geschickt ist, und da hat sie wohl recht. Ich habe mir gedacht, wir nehmen Wasserzeichenpapier, auf dem nichts weiter

steht als ‚Rebekka'."
„Rebekka?"
„Der Name gefällt ihr. Sie gibt uns die Zettel dann zurück, und wir bezahlen sie. Pro Stück zwischen sechshundert und dreihundert, je nach Zeit. Sie wird nicht schwindeln."
„Die Person muß ich mir doch mal ansehen", sagte Wallnitz, „aber ich glaube, wir müssen die ganze Geschichte fallenlassen. Sie ist zu gefährlich."
„Wieso?"
„Der Zufall spielt manchmal komisch, ich habe im Flugzeug eine Doppelgängerin von Ihrer Rosemarie kennengelernt. Davon wollte ich Ihnen erzählen. Neben mir saß eine junge Dame in einem schwarzen Kostüm, und wir kamen so ins Gespräch. Sie machte mir einen hochintelligenten Eindruck. Wir haben uns glänzend unterhalten. Zuletzt habe ich mich vorgestellt und sie sich auch. Sie kannte meinen Namen und ich ihren, und Sie kennen ihn auch: Roemfeld."
„Roemfeld? Eine Treuhandgesellschaft ...?"
„Von der spreche ich. Sie ist die Tochter von Alex Roemfeld. Wie wir in Hamburg ausstiegen, fragte sie, ob ich länger bliebe, sie würde mich gern noch mal sprechen, geschäftlich. Ich sage Ihnen, ich dachte mir nichts dabei, sie gefiel mir, sie wohnte im Atlantik. Ich lud sie zum Essen ein, wir fuhren zu Jacob raus, und es lief darauf hinaus: Sie wollte meinen Rat bei der Anlage von Geld. Sie können sich vorstellen, daß ich mich gewundert habe, ich dachte, warum fragt sie nicht ihren Vater, aber ich sagte nichts. Sie wollte dreißigtausend anlegen. Ich versprach ihr, ich würde mit Kroog sprechen, und gestern haben wir uns dann noch mal gesehen."
„Natürlich wieder nur beim Essen."
„Diesmal in Ihrem Hotel. Ich war so sachlich mit ihr, wie man nur sein kann, aber sie merkte, sie gefiel mir, und allmählich ging sie aus sich heraus. Sie packte richtig aus. Sie hat die dreißigtausend genauso verdient wie Ihre Rosemarie, oder jedenfalls so ähnlich. Sie lernt Männer kennen, sie sucht sich die aus, die ihr gefallen, sie geht mit ihnen in Lokale, sie tanzt mit ihnen, sie verreist mit ihnen – und sie ist wirklich die Tochter von Alex Roemfeld."
„Warum tut sie's?"

„Es mache ihr Spaß, sagt sie, sie stehe gern auf eigenen Füßen, ihre Mutter ist gestorben, ihr Bruder ist in der Firma, heiraten will sie noch nicht ..."
„Wenn Sie es nicht erlebt hätten, würde ich's nicht glauben. Was hat das mit unserem Problem zu tun?"
„Mit Ihrem Problem! Meine Flugzeugbekanntschaft kam also ins Reden, ich stellte ihr Fragen, es wurde immer später, sie konnte trinken, zwei Flaschen Pommery hatten wir schon leer, das meiste davon hatte sie getrunken, aber sie fiel nicht aus der Rolle. Immer ganz Dame. Zuletzt ging sie in ihr Zimmer und kam mit einem Leitz-Ordner wieder und sagte: Versprechen Sie mir, daß Sie keinem Menschen erzählen, was Sie jetzt sehen werden? Ich versprach es, und ich halte mein Versprechen soweit, daß ich auch Ihnen jetzt keine Namen nenne, Bernhard, obwohl die Namen das Wichtigste dabei sind. Der Ordner enthielt nämlich Briefe, die ihr die Männer geschrieben haben, mit denen sie ein paarmal ausgegangen ist oder mit denen sie für eine Woche nach Teneriffa geflogen ist. Die meisten davon kennen Sie. Sie sind so bekannt wie Sie und ich. Aber nicht nur Industrie, auch Politik, hohe Beamte und so weiter."
„Was stand in den Briefen?"
„Alles. Alles! Wenn das Mädchen wollte, sie könnte die Hälfte ihrer Kunden ruinieren. Da bliebe nichts mehr übrig. Weder geschäftlich noch privat. Ich habe nicht geahnt, was für Waschweiber Männer sein können. Ich habe nicht alles gelesen, aber was ich gelesen habe – Sie würden es nicht glauben. Über ihre Geschäfte, über Kollegen, über Konkurrenten, über Bonner Tratsch, über ihre Familien, über andere Familien. Ich frage mich, was mit denen los ist, denn das ist ja nicht mehr normal."
„Nun ja, irgendwo muß es raus."
„Schon recht, aber schließlich sollte das Gehirn noch funktionieren."
„Ach, das Gehirn", sagte Schmitt, Besitzer eines ausgezeichneten Gehirns, so wie Hartog, Inhaber riesiger Unternehmen, zu Bruster gesagt hatte: Ach, Geschäfte!
„Mir hat das das Fürchten gelehrt", sagte Wallnitz. „Wenn ich mir vorstelle, daß die Leute, mit denen wir arbeiten, bei dieser Rosemarie ebenso auspacken und ihr vielleicht auch

solche Briefe schreiben – das können wir nicht riskieren."
„Meinen Sie?" fragte Schmitt nachdenklich.
Wallnitz blickte seinen Chef erstaunt an.
„Wann kommt van Strikker?" fragte Schmitt.
„Er wollte Freitag in New York abfliegen."
Van Strikker war technischer Direktor für die „westliche Hemisphäre" einer der größten Ölgesellschaften Amerikas, und das heißt der Welt. Die Gesellschaft beabsichtigte, eine Raffinerie in Holland zu bauen; es bestanden für Mallenwurf & Erkelenz gute Aussichten, den Auftrag zu bekommen.
„Sie kennen ihn doch näher, was glauben Sie, käme Ihre Flugzeugbekanntschaft für ihn in Frage?"
„Wahrscheinlich."
„Würden Sie nicht gerne Briefe lesen, Briefe des Inhalts, wie Sie sie gelesen haben, geschrieben von Mister van Strikker nicht an Fräulein Roemfeld sondern an Rosemarie? Würden Sie nicht gern wissen, welche Chancen wir wirklich in Holland haben, welche Termine die Konkurrenz angeboten hat, und so weiter?"
„Selbstverständlich."
„Dann sollten wir mal mit van Strikker und Rosemarie den Versuch machen."
„Wollen Sie sich auf die Diskretion dieser Person verlassen?"
„Wessen Diskretion könnten wir schon ganz sicher sein? Es sind doch alles Haie. Aber im Rahmen des üblichen, ich glaube, ja. Ich habe den Eindruck, daß sie ihre Verpflichtungen erfüllen würde. Und dann das Geld. Ich hätte es nicht fertiggebracht, ihr soviel nachzuwerfen, wie sie haben wollte, bloß, damit unsere Herren Gäste sich auf unsere Kosten amüsieren können. Aber für Informationen – das ist etwas anderes. Ich glaube, das können wir verantworten. Das Geld ließe ich über mein Privatkonto laufen."

Schmitt bot Rosemarie den Ersatz der gesamten Einrichtungskosten der neuen Wohnung an, ferner übernahm er die Miete, und für jeden Besuch, der sich unter dem Kennwort „Rebekka" bei ihr einfinden würde, sollte sie 1000 Mark bekommen. Dafür mußte sie sich verpflichten, Gespräche mit

diesen Besuchern auf bestimmte Gebiete zu lenken, die ihr vorher genannt würden. Im übrigen bliebe sie Herr ihrer Zeit wie zuvor und auch privat Schmitt zuweilen zu Diensten.
Trotz genauer und einfacher Instruktionen, die Rosemarie für van Strikker bekam, und obwohl er sich offenbar als ein taugliches Objekt erwiesen hatte, wie man der Bemerkung Rosemaries entnehmen konnte, er habe viel erzählt, wurde dieser Versuch von Industriespionage durch Mallenwurf & Erkelenz ein vollständiger Fehlschlag. Rosemarie zeigte sich nicht in der Lage, zu wiederholen, was sie gehört hatte. Schmitt, der sich vorbehalten hatte, sie selbst in diesem ersten Falle auszufragen, stand vor einem Rätsel. Seine Unterhaltungen mit ihr hatten ihm gezeigt, daß sie ein ausgezeichnetes Gedächtnis für Zahlen besaß. Ihre Kontenführung war, obwohl laienhaft, durchaus vernünftig und zweckmäßig, und in den Besprechungen über „unser Rebekka-Agreement", wie Wallnitz die Sache nannte, hatte sie nicht nur ihren Vorteil zu wahren gewußt, sondern auch ein gut Teil gesunden Menschenverstand bewiesen. Nun aber versagte sie vor der Aufgabe, zu berichten, was ihr ein Mann wenige Stunden zuvor erzählt hatte.
Es hätte merkwürdig zugehen müssen, wenn Rosemarie ihre Chance nicht entdeckt hätte. Sie war Holz vom Holze derer, die oben schwimmen und neidvoll bewundert werden. Sie hatte begriffen, daß es nicht in erster Linie auf die Ware ankommt, wenn man Geschäfte machen will, sondern auf die geschickte Herrichtung des Marktes für die Ware.
Von den Mitteln, deren sie sich bei ihrem marketing bediente, sind selbst von denen, die darauf hereinfielen, nicht alle erkannt worden. Sicherlich war die Höhe ihrer Tarife an und für sich schon eines ihrer wirkungsvollsten Mittel, Werbung für sich zu treiben. Ähnlich wie Deauville, das ein trauriges Nest war, ehe vor zwei Generationen ein Hotelier auf den Gedanken kam, dort eines der teuersten Hotels Frankreichs zu errichten, wurde Rosemarie dadurch bekannt, daß sie so teuer war.
Rosemarie faszinierte ihre Kunden durch ihre elementare Konzentration auf den materiellen Wert dessen, was sie anzubieten hatte, und durch die Art, wie sie an das Geschäft heranging, die Verkaufsgespräche führte, Einzelgeschäfte ab-

schloß, länger andauernde Beziehungen pflegte, und wie sie überhaupt ihren ganzen Betrieb organisierte. So zog sie Nutzen aus der Indiskretion der Autonummern, derart, daß sie sich von einem Mann, den sie dafür bezahlte, die Nummern der jeweils reichsten Teilnehmer an industriellen Zusammenkünften im voraus beschaffen ließ.

Schmitt, der eine Art Verhör mit ihr anstellte, um herauszubringen, warum sie im Falle van Strikker versagt hatte, wurde staunend gewahr, wie klein der Bereich ihrer Interessen war, aber auch, wie sicher sie sich darin bewegte. Sie erschien ihm ebenso verschlagen wie zuverlässig, eine Mischung, die ihm Hochachtung abnötigte. Obschon er sich sagen mußte, daß sie vermutlich nie imstande sein würde, die Informationen zu liefern, die er sich von ihr erhofft hatte, war er von ihr nichts weniger als enttäuscht, nachdem er sie näher kannte. Er sagte einmal zu Wallnitz: „Dagegen sind wir alle Waisenkinder. Wenn die Struktur der Gehirnmasse vom Denken bestimmt würde, dann sähe mein Gehirn wie ein Schutthaufen aus, ihres aber wäre wie aus Kristallen gefügt. Sie hat bestimmt niemals auch nur eine Sekunde lang etwas Überflüssiges gedacht."
Trotz so glänzender Voraussetzungen für geschäftlichen Erfolg mußte sich Rosemarie mit einem schweren beruflichen handicap abfinden. Ihr Betrieb war so ausschließlich mit ihrer Person verknüpft, daß für sie jede Möglichkeit grenzenloser Vervielfältigung der Produktion, ohne die man heutzutage nur noch ausnahmsweise zu wirklichem Reichtum gelangen kann, nicht bestand. Wahrscheinlich hätte sie, wäre ihr Zeit dafür geblieben, ihren Betrieb vergrößert und ein Bordell eröffnet, und es ist anzunehmen, daß ihr Nimbus dem Unternehmen zum Erfolg verholfen hätte. Aber die Kunden, von denen sie ihre großen Einkünfte bezog, hätten sich nicht auf andere Mädchen ablenken lassen; sie bezahlten ja für Rosemarie, sie bezahlten nicht für anonyme Kurzweil. Die Redensart, die man zuweilen auf käufliche Frauen anwendet: sie verkaufen sich, mag zutreffen, wenn ein hübsches, aber armes Mädchen einen reichen, aber ungeliebten Mann heiratet. Auf Rosemarie und alle perfekten Huren trifft sie natürlich nicht zu. Diese denken gar nicht daran,

sich zu verkaufen, sie verkaufen auch nicht ihren Körper, sie verkaufen einen Vorgang, bei dem sie sich langweilen, heute vielleicht weniger als früher, da sie Gelegenheit haben, währenddessen Radio zu hören. Nur leider: Ihre persönliche Anwesenheit ist notwendig.

Die relativ geringe Quantität des Angebotes wurde jedoch durch einen unverhältnismäßig hohen qualitativen, immateriellen Wert der Ware ausgeglichen. Ihre Besucher, die gemeinhin für ihr Geld nur langweilige Vergnügen einkaufen konnten, erlebten bei ihr eine Wertsteigerung ihrer Person wie ihres Geldes. Rosemaries Kunden trieb nicht zuletzt ihr schlechtes Gewissen zu ihr – und siehe da, die Rechnung ging auf. Das Mißverhältnis zwischen der Macht, die sie in Händen hielten, und dem Pathos, mit dem sie die Ausübung dieser Macht als soziale Verantwortung zu rechtfertigen suchten, einerseits; der stumpfsinnigen Routine ihrer unternehmerischen Tätigkeit und der Verlogenheit dieses Pathos von der Verantwortung andererseits – es löste sich bei Rosemarie auf. Ihre Kunden vollzogen mit ihr, die ihrer Art war, aber keinerlei Verantwortung vorzutäuschen brauchte, einen soziologischen Inzest, oder, in der Sprache Brusters ausgedrückt, der in der Erfindung schlagkräftiger Formulierungen eine ursprüngliche Begabung besaß: Sie trieben es mit dem Wirtschaftswunder persönlich.

Sie schändeten etwas, was ihnen teurer war als Menschen, sogar teurer als sie sich selbst waren – ihren eigenen angebeteten Erfolg in Gestalt eines Symbols: des Engels mit dem SL. Rosemarie verschaffte ihnen die beseligende Empfindung, Sünder zu sein, obschon sie nur Spießbürger waren, die glaubten zur Heimlichtuerei verpflichtet zu sein: Bei diesem Mädchen gelangten sie für Stunden zu einem Gefühl für die Wirklichkeit ihrer Existenz. Weiß Gott, sie warfen ihr Geld nicht zum Fenster hinaus, und es ist völlig gleichgültig, ob sie wußten, wofür sie eigentlich bezahlten oder nicht. Auch Rosemarie wußte natürlich nicht, welche Rolle ihr zugeteilt worden war, und doch spielte sie sie vollkommen innerhalb des winzigen Bezirkes, in dem sie stark war, stärker als alle, die zu ihr kamen, und unverwundbar.

Was ihr beruflich drohte, die Möglichkeit einer Infektion, ein frühzeitiger Verbrauch ihres Körpers, eine Prägung ihres

Gesichtes über jenen Grad hinaus, der es durch Laszivität noch anziehender machte – dem suchte sie nach dem Umzug in ihre neue Wohnung mit allen Mitteln zu begegnen. Sie hielt sich eine Masseuse, sie verbrachte halbe Vormittage im Badezimmer, sie unterwarf neue Kunden einem medizinischen Verhör, sie begab sich freiwillig in die Kontrolle eines Arztes. Sie entdeckte rasch, daß es verhältnismäßig leicht war, ihre Besucher mit geringstem Aufwand körperlich abzufinden; sie wurde geschickt darin, die Männer zu ermüden, sich zu schonen und sie zum Reden zu bringen. Wie simpel, wie eintönig waren die Fagen, mit denen sie Anteilnahme vorzutäuschen vermochte, um wieviel simpler noch und eintöniger die Bekundungen ihres Verständnisses!
So ein müder Schatz – hast viel zu tun, Liebling?, und: ah, wirklich? Das mußt du mir aber genauer erzählen. Und der Liebling erzählte.
Zuhören ermüdete sie nicht und verbrauchte sie nicht – es verbrauchte nur die Zeit, die kostbare. Sie hielt streng an den ausgemachten Minuten fest, 20, 40, 60 äußerst selten, und fast nie kam ihr Terminkalender ins Rutschen. So entfernten sich die meisten ihrer Besucher mit dem Gefühl: Ich muß wiederkommen, ich habe ihr noch viel zu sagen.
Es gab Kunden, die sich das nicht gefallen lassen wollten. Sie glaubten genug bezahlt zu haben, um die Nacht für sich beanspruchen zu dürfen. In solchen Fällen wurde sie eine ordinäre Furie. Ihre ruhige sachliche Freundlichkeit war dann wie weggeblasen. Unerwartet begann sie zu schreien und zu schimpfen; sie, die eigentlich furchtsam war bis zur Lächerlichkeit, bei jedem Geräusch aufschreckte, wenn sie einmal nachts allein zu Hause war, und die Angst vor Einbrechern nie loswurde, war in solchen Augenblicken von brutaler Kühnheit. Sie brüllte so lange herum und verstieg sich sogar zu der Drohung, die Polizei wegen Hausfriedensbruch zu alarmieren, bis ihrem Besucher nichts übrigblieb, als das Feld zu räumen. Schläge und Ohrfeigen, die sie dann und wann, wenn auch selten, einstecken mußte, steigerten nur ihre Wut. Sie wollte ihre Ordnung, denn ihre Ordnung war der nicht unwichtigste Teil ihres Geschäftes.
Männer, die sie auf diese Art hinausgeworfen hatten, versuchten meistens mit besonderer Hartnäckigkeit, wieder zu

ihr zu kommen, aber sie ließ sie nicht wieder herauf. Nachdem sie eine Sprechanlage zwischen Wohnung und Haustür hatte anbringen lassen, arbeitete sie mit verschiedenen Kennworten; ohne telefonische Anmeldung ließ sie überhaupt niemand mehr in die Wohnung, und bevor sie die Etagentür öffnete, vergewisserte sie sich durch das Guckloch, wer draußen stand. Sie war auf ihrer Hut, sie war stark, sie war berechnend, ja sogar mutig und hätte sicherlich noch lange so weitergelebt. Als des Wirtschaftswunders liebstes Kind geduldet, begehrt, verwöhnt und, fast könnte man sagen, geachtet, verbreitete sie weder Furcht noch Haß.

Rosemarie geriet erst in Gefahr, als sie sich aus Habgier zu Zwecken mißbrauchen ließ, die sie nicht überschaute, die sie nicht interessierten, die ihr wesensfremd waren. Obschon ihr völliges Versagen als Agentin im Falle van Strikker wenigstens von Schmitt, der die nötige Intelligenz besaß, als ein Hinweis darauf hätte verstanden werden können, daß man sie dafür nicht benützen dürfe, ließ er den einmal gefaßten Plan, über Rosemarie Industriespionage zu treiben, nicht fallen. Er hielt, nun im Einverständnis mit Wallnitz, um so mehr daran fest, als ihre Unfähigkeit, Informationen, die sie nicht betrafen, zu speichern und weiterzugeben, es nur um so wahrscheinlicher machte, daß der Schuß nicht, wie Wallnitz befürchtet hatte, einmal nach hinten losgehen werde. Was sie an ihre Auftraggeber nicht weiterzuleiten vermochte, weil es gar nicht in sie gedrungen war, würde sie auch keinem anderen erzählen.
Mallenwurf & Erkelenz hätten für ihre Zwecke ein Wesen gebraucht, dessen Gehirn ein Sieb, dessen Gedächtnis eine Zisterne hätte sein sollen, und als Schmitt das Problem in dieser Verallgemeinerung mit Wallnitz besprach, fanden die beiden Herren sogleich die Lösung, die keineswegs originell, jedoch außerordentlich zweckmäßig war.
Zuverlässige Techniker der Firma bauten in Rosemaries großen Raum eine Abhöranlage ein. Elektromeister Arnold, der die Arbeiten mit zwei Gehilfen ausführte, hatte von Wallnitz genaue Anweisungen bekommen. Er war seit 1928 in der Firma, ihm gegenüber brauchte man kein Blatt vor den Mund zu nehmen. „Suchen Sie sich zwei von Ihren Leuten

aus, die absolut zuverlässig sind", hatte Wallnitz gesagt. „Keine Sorge, Chef", hatte Arnold geantwortet, „wir werden da was hinbauen, daß Sie die Flöhe husten hören."
Als sie in die Wohnung gekommen waren, hatte Arnold zu Rosemarie gesagt: „Da gibt's jetzt Durcheinander, Fräulein, am besten, Sie verreisen und kommen morgen wieder."
„Ich bleibe hier", hatte Rosemarie geantwortet; der Ton, in dem sie es sagte, gefiel den Männern nicht. Sie hatte es sofort mit ihnen verdorben, und das Bier, das sie ihnen später anbot, machte die Sache nicht wieder gut. Die beiden jungen Mechaniker nahmen sie hoch. Sie brachten eines der winzigen Mikrofone probeweise unter der Couch an, und einer sagte zu Rosemarie: „Nun machen Sie mal so, wie Sie machen."
„Mach doch selber", sagte sie. „Ich kenn dich doch nicht, Puppe", sagte der Mann. „Werde ja nicht frech", entgegnete sie. Die beiden anderen feixten. „Na, dann muß ich wohl mal zur Probe", sagte der Mann, zog seine Schuhe aus, breitete fürsorglich eine Decke über die Couch, legte sich darauf und wippte auf und ab. Meister Arnold hatte Kopfhörer übergestülpt. „Nee", sagte er, „das geht nicht, das Mikro muß da weg, da verstehst du ja dein eigenes Wort nicht." – „Vielleicht macht sie's nicht so doll", sagte der Mann und erhob sich.
Sie hatten ihren Spaß. Als sie spät abends fertig waren und die Treppe hinuntergingen, sagte Arnold zu seinen Leuten: „Da möchte ich direkt selber." – „Ja", sagte der andere, „wenn du so was siehst, da kannst du nur denken, was für ein blöder Hund du bist. Freut mich direkt, daß wir das Ding da hingebaut haben. Da kommen doch nur solche, die Geld haben. Der Chef kann zufrieden sein." – „Das kann er", sagte Meister Arnold, „und nichts sieht man."
Rosemaries Einverständnis mit dieser unsichtbaren Verbesserung ihrer Wohnung kostete Schmitt 10000 Mark. Mittels eines verborgenen Knopfes, den Rosemarie, auf der Couch liegend, bedienen konnte, war eine Anlage ein- und auszuschalten. So hatte man das Sieb. Die Zisterne in Gestalt eines Tonbandgerätes mit einer Aufnahmekapazität von vier Stunden wurde in einem Fach ihrer Küche untergebracht, die einem Laboratorium sowieso ähnlicher war als einer Kü-

che alten Stils. Das Fach wurde verschlossen, den Schlüssel bekam Wallnitz' Privatchauffeur Lorenz, der schon den Hauptmann Walter Wallnitz gefahren hatte, als sich dieser als Ic einer Infanteriedivision durch den Krieg geschlagen hatte, bis er als Wehrwirtschaftsführer u. k. gestellt worden war. Lorenzens Zuverlässigkeit und Verschwiegenheit waren über jeden Zweifel erhaben. „Jetzt kann uns nichts mehr passieren", sagte Schmitt zu Wallnitz, „im Kopf behält sie nichts, und an die Tonbänder kann sie nicht ran."

Das erste Opfer dieser Informationsfalle war nun doch van Strikker, der nach Holland gereist war, um die Pläne von Mallenwurf & Erkelenz an Ort und Stelle mit den künftigen Leitern des Zweigbetriebes zu prüfen und mit den Vorschlägen der Konkurrenz zu vergleichen. Es war nach seiner Rückkehr natürlich noch interessanter geworden, zu erfahren, was er wirklich dachte.
Die Bänder abzuhören war jedoch ein Vergnügen so eigener Art, daß die beiden Herren nach zehn Minuten das Gerät etwas betreten wieder abschalteten. Sie waren zu normal, um dem, was sie da hörten, Geschmack abgewinnen zu können. Hörte man auch nicht das Husten von Flöhen, so doch andere Lebensregungen, denen man zuweilen in Hotelzimmern, besonders in solchen neuerbauten Hotels, als unfreiwilliger Ohrenzeuge beiwohnt, durch Türen und Mauern hindurch. Die technische Vollkommenheit der Abhöranlage machte die Vorgänge allzu gegenwärtig.
Es fällt in großen Firmen mit Tradition nicht schwer, zuverlässige Helfershelfer für alles zu finden. Bei Mallenwurf & Erkelenz gab es eine ganze Anzahl männlicher und weiblicher Treuebolzen, die für die Firma im allgemeinen, Schmitt, Wallnitz und andere hohe Vorgesetzte im besonderen durchs Feuer gegangen wären. Kueltz machte eine Sekretärin ausfindig, Frau Endrikat, der man die Frankfurter Tonbänder zum Abschreiben übergeben konnte. Sie wurde zu diesem Zweck in einen kleinen Raum unmittelbar neben Wallnitz' Büro gesetzt. Sie mußte ihm Bänder und Abschrift persönlich aushändigen. Frau Endrikat fühlte sich durch Vertrauen und Umstände gleichermaßen erhoben und fand nichts weiter dabei. Als sie Wallnitz das erstemal ihre Arbeit

übergab, kicherte sie, aber bald kicherte sie nicht mehr. Diese treue Seele erzählte nicht einmal ihrem Mann von ihrer neuen Aufgabe, so daß sich dieser nicht wenig wunderte, als er bemerken mußte, wie sich nach zehnjähriger Ehe ihr sexuelles Verhalten veränderte und ihn zu Handlungen zu verleiten begann, deren er sich nur aus seiner Junggesellenzeit erinnerte. In solchen Fällen wittert jeder Mann zunächst einen instruktiven Nebenbuhler, aber die durch eine gewisse Überdosis ehelicher Pflichten seitens der Frau ausgelöste Eifersucht des Mannes fand kein Objekt. Er mußte die Sache auf sich beruhen lassen und wurde nun auch seinerseits wieder etwas einfallsreicher. Da zudem Frau Endrikats Gehalt um ein volles Drittel aufgebessert wurde – der Mehrbetrag lief in der Lohnbuchhaltung als Leistungszulage –, konnte sie nur zufrieden sein.

Die Einnahmen Rosemaries verdoppelten sich um diese Zeit, obschon es der Rebekka-Kunden nicht gar so viele wurden. Es mußte sich ja mancherlei an charakterlichen und geschäftlichen Voraussetzungen addieren, bis es möglich und lohnend war, einen Geschäftsfreund durch Karl Heinrich bei Rosemarie anzumelden und die Tonbänder laufen zu lassen. Manche, denen man das Vergnügen, genannt Rosemarie, vorschlug, wollten es gar nicht genießen, aber das war die Minderheit, die mit Rosemaries wachsendem Ruhm immer kleiner wurde. Ein Gemurmel kam auf in den Kreisen der Kenner, Neugier wurde geweckt durch Gerede auf Industrietagungen, in den Wartehallen von Flugplätzen und auf Messen, nicht nur in der Bundesrepublik. Eine Großwetterlage Rosemarie breitete sich sozusagen in der elitären Geschäftswelt aus: Nicht erst der Mord hat sie berühmt werden lassen. Er machte sie nur populär.
Es gab Fehlschläge: Manchmal lohnte sich die Aufnahme nicht, jedenfalls nicht im Sinne der Geschäfte von Mallenwurf & Erkelenz; der sachliche Inhalt der Tonbänder blieb gleich Null. Es gab aber auch ausgesprochene Treffer. Zu des Fürsten Ehre, auf die er Wert legte, muß gesagt werden, daß seine spätere Vernehmung durch die Polizei einwandfrei seine Ahnungslosigkeit bewies. Alter Adel schützt eben vor vielerlei Ungemach, dem Menschen mit präziserer Beobach-

tungsgabe ausgesetzt sind. Er wußte nicht, was gespielt worden war, er hatte sich nur ein wenig darüber gewundert, daß die Firma sich des vornehmen Etablissements in der City, wie er das Unternehmen nannte, nicht in allen vorkommenden Fällen bediente. Rosemaries schwarzer SL verfehlte auch auf Durchlaucht seinen Eindruck nicht.
Karl Heinrich bewältigte seine Aufgabe vorzüglich. Er hatte eine Art, das Wörtchen „wir" auszusprechen, wenn er die Firma meinte – mit der er sich eine Woche nach Antritt seiner Stellung völlig identifizierte dank eines stark ausgebildeten, jedoch transportablen Autoritätsgefühls –, hinter der unausgesprochen, aber dennoch vernehmbar ein „von Gottes Gnaden" stand. In der Pracht der Generaldirektion von Mallenwurf & Erkelenz verkörperte er eine Würde, die nicht vom Geld abhing, aber für ein Gehalt von 1800 Mark zuzüglich Spesen und Aufwandsvergütung, die bei ihm hoch waren, nichtsdestoweniger zu kaufen war.
Im Zuge der Entwicklung war also aus der Absicht, der Firma ein standesgemäßes Bordell individueller Prägung anzugliedern, das beste, was die Großstadt bot, etwas ganz anderes geworden: eine Röntgenkammer zur Erforschung der Absichten lieber Geschäftsfreunde. Wie nützlich sich diese Einrichtung auch erwies, während sie funktionierte, so konnte sie doch leider nicht lange in Betrieb gehalten werden.

Eines Tages ließ Wallnitz Frau Endrikat zu sich kommen.
„Liebe Frau Endrikat", sagte er, ein paar Schreibmaschinenseiten in der Hand, „da fehlt doch der Rest?"
Mit diesen Worten reichte er ihre Arbeit vom vorigen Tage über den Tisch; auf dem ersten Blatt links unten deutete ein kleines grünes „s" darauf hin, daß Schmitt sie bereits zur Kenntnis genommen hatte. Die Sekretärin schaute die Blätter durch und sagte: „Nein, Herr Generaldirektor, da fehlt nichts. Ich habe mich auch schon gewundert, aber es kommt nichts mehr auf dem Band. Es hört mitten im Satz auf."
„Vielleicht nur eine kurze Störung?"
„Nein, ich habe das ganze Band durchlaufen lassen, es ist bestimmt nichts mehr drauf."

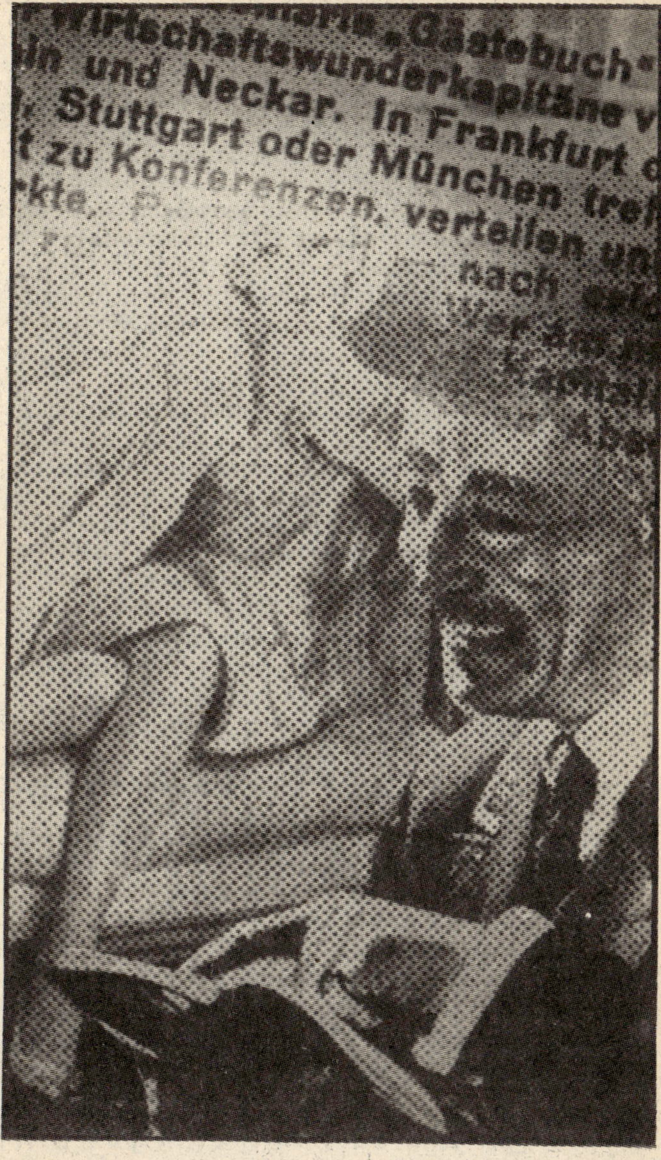
„Gästebuch“
wirtschaftswunderkapitäne
und Neckar. In Frankfurt
Stuttgart oder München
zu Konferenzen, verteilen
nach

„Merkwürdig", sagte Wallnitz.
Wallnitz raffte die Blätter der Abschrift zusammen und begab sich zu Schmitt.
„Ich wollte doch schon immer mal Ihre Rosemarie kennenlernen", sagte er, „wie mache ich das?"
„Rufen Sie an, hier ist die Nummer", er nahm einen Zettel aus dem Kästchen und schrieb sie darauf, „und dann sagen Sie am Telefon ‚Rebekka' und Ihren Namen. Sie kennt ihn. Ich will ja nicht fragen, was Sie plötzlich veranlaßt, diese Verbindung zu effektuieren."
„Ich werde sie nicht effektuieren, wenn Sie damit andeuten wollen, ich hätte die Absicht, mich des Beischlafs mit dem Fräulein zu erfreuen. Nein – das ist nun das zehnte Protokoll, Sie kennen es ja schon, fiel Ihnen nichts auf?"
„Das mit Kroog? Nicht zu glauben, diese steifen Hamburger und immer so etepetete, und dann quatscht er das Blaue vom Himmel herunter, von allem übrigen zu schweigen, was uns die Endrikat Gott sei Dank erspart."
„Ja, Kroog. Wir sollten da aufpassen. Ich meine die Stelle, wo er mit seiner Bekanntschaft in Stockholm angibt. Wenn die auch Mikros unter ihrem Bett hat ..."
„Ach was, hat sie doch nicht."
„Ich muß mich wundern, daß Sie dessen so sicher sind. Wer würde von uns glauben, daß wir ... Man soll nie annehmen, daß andere besser sind, bloß weil man selber schlecht ist."
„Den Satz schenken Sie mir, ja? Aber ich weiß immer noch nicht, warum Sie hingehen wollen."
„Ist Ihnen wirklich nicht aufgefallen, daß die Aufnahme mitten im Satz aufhört?"
„Da hat er eben aufgehört zu reden, weil er anderweitig beschäftigt war."
„Nein, so kann es nicht sein. Die Endrikat ist sicher, das übrige Tonband sei leer. Rosemarie hat abgeschaltet, oder es ist etwas in der Anlage kaputt."
„Wollen Sie als Elektriker tätig werden?"
„Immerhin habe ich's gelernt", antwortete Wallnitz, „drei Jahre Lehre bei Siemens – nein, im Ernst, ich möchte sie jetzt kennenlernen, sie hat so eine verdammt wache Stimme."
„Das habe ich immer gesagt", entgegnete Schmitt. –

Die Unverfrorenheit, mit der sie ihre Gefühlsstimme plötzlich einschaltete und jene Worte flüsterte, die im Preis inbegriffen sind und deren Inhaltslosigkeit diejenigen nicht zu stören scheint, für die sie bestimmt sind, imponierte Wallnitz. Frau Endrikat ersetzte die unterschlagenen Koseworte durch Pünktchen, übertrug jedoch genau, was Rosemarie bei unveränderter Gesamtlage mit einer Stimme sprach, als gebe sie ihrer Garage Anweisung, den Wagen zu waschen. So fehlte dem Geschriebenen eine wichtige Dimension. Wallnitz hatte Humor, und er glaubte aus den Tonbändern schließen zu dürfen, auch Rosemarie habe Humor. Es schien ihm unmöglich, daß sie die Ironie dieses Nebeneinanders von vorgetäuschten Gefühlen und krassen Geschäftssinn nicht bemerkte und sich nicht über die Männer lustig machte, die sie ausbeutete. Er fuhr gutgelaunt und erwartungsvoll nach Frankfurt, nachdem er sich für 18 Uhr auf zwei Stunden mit ihr verabredet hatte.
Als er vor Rosemaries Haustür stand und sich die bekannte Stimme mit einem etwas heiseren „Hallo" meldete, flüsterte er in die Sprechmuschel: „Rebekka!" Die Antwort war das Surren des Türöffners; der Lift trug ihn hinauf.
Seine Enttäuschung war riesengroß. Eine blonde Puppe, wahrhaftig, weiter nichts. Er sagte „Sie" zu ihr, um deutlich zu machen, daß er nicht als Kunde gekommen war. Sie wußte, wen sie vor sich hatte; zu den wenigen Büchern, die sie besaß, gehörte *Who's who in Germany;* sie hatte sich dieses Lexikon der Eitelkeit auf Brusters Rat zugelegt. Wer da nicht drin stand, hatte er gesagt, den laß schwimmen, und wer drin steht, ist noch lange kein dicker Fisch; aber die dicken Fische stehen drin. Dieser Wallnitz war ein dicker Fisch. Warum kam er, wenn er sich nicht auszog? Sie war voller Mißtrauen. Wallnitz gelang es nicht, das Gespräch mit ihr zu führen, das er sich vorgestellt hatte. Es blieb ihm nichts übrig, als sogleich auf den Punkt zu kommen, den er geklärt haben wollte.

„Da war doch vorvorige Nacht dieser Hamburger bei Ihnen, ein großer Schwarzhaariger mit einer Narbe hier in der Backe, erinnern Sie sich?"
„War es einer mit Rebekka?"

„Ja."
Rosemarie ging zum Schreibtisch. Die Karten der Rebekka-Kunden hatten blaue Reiterchen. Sie brauchte nicht lange zu suchen. „Meinen Sie den Kroog?"
„Genau. Wie lang war der ungefähr hier?"
„Von 23.10 Uhr bis 0.30 Uhr."
„Also ziemlich lange. Wann haben Sie das Tonband eingestellt?"
„Gleich."
„Wie lange lief es?"
„Die ganze Zeit."
„Könnte ich mal das Gerät sehen?"
„Da darf niemand dran."
„Ich schon."
„Nein, da darf niemand dran. Herr Schmitt ..."
„Aber ich bin doch für Schmitt hier."
„Haben Sie einen Ausweis?"
Sie fing an, ihm Spaß zu machen.
„Ja."
Er legte den Paß auf den Tisch. Sie blätterte darin.
„Sie fahren aber viel herum. Der Apparat ist in der Küche, aber eingeschlossen, ich hab den Schlüssel nicht."
„Aber ich habe ihn." Er hatte ihn sich von Lorenz geben lassen.
Sie gingen in die Küche, er schloß das Fach auf. Lorenz hatte ein neues Band eingelegt. „Wo stellen Sie das denn an?"
„Drüben."
„Machen Sie's mal, und sprechen Sie etwas."
So ein Spinner, dachte Rosemarie, beugte sich über die Couch und drückte auf den Knopf.
Er ging in die Küche, schaltete auf Wiedergabe und wartete. Es kam nichts. Er ging ins Zimmer zurück und fragte: „Wer macht denn hier sauber?"
„Ich habe jemand."
Er vermutete jetzt, daß die Reinemachefrau beim Aufwischen die Leitung beschädigt habe und in der Nacht ein Kurzschluß durch irgendeine Erschütterung entstanden sei. Als er aber die Kücheneinrichtung näher besah, verwarf er diese Vermutung wieder. Die Schränke reichten bis zum Bo-

den. Da war kein Platz für einen Besen.
„Helfen Sie mir", sagte er. Er wollte der Sache auf den Grund gehen. „Rücken wir das Ding hier mal ein bißchen ab."
„Warum?"
„Der Apparat geht nicht, der Fehler muß in der Leitung liegen, die kommt da hinten aus der Wand."
„Was Sie alles wissen." Dann faßte sie unwillig mit an.
Als sie die breite Anrichte mit ihren Fächern von der Wand abgerückt hatten, was nicht leicht war, weil sie den Platz zwischen Herd und Besenschrank nahezu fugenlos füllte, sah er die Leitung. Aber er sah nicht nur eine Leitung. Dort, wo ein ziemlich starkes, schwarzes Kabel aus der Wand kam, führte, mit ihm verbunden, ein dünneres, graues nach links und verschwand hinter der Verkleidung des Herdes.
Er zog die Montageskizze zu Rate. Dieses dünnere Kabel war nicht eingezeichnet. Er konnte sich auch nicht vorstellen, wozu es dienen sollte, denn es führte nicht in Richtung Flur und Wohnraum, sondern zur Außenwand der Küche.
Was er erwartete, bestätigte sich jetzt: Die Abhöranlage war an dieser Stelle angezapft worden. Was das Tonbandgerät im Küchenschrank aufnahm, konnten diejenigen mitschneiden, die ein entsprechendes Gerät am Ende des grauen Kabels angeschlossen hatten. Wohin führte es?
Wallnitz öffnete das Fenster. Mit winzigen Schlaufen befestigt, kletterte das Kabel außen am Fensterrahmen in der Mauerkante empor. Rosemaries Wohnung lag im obersten Stockwerk, darüber war nur das Dach. Wallnitz sah das Kabel zwischen Dachrinne und Verschalung verschwinden.
„Haben Sie da oben einen Speicherraum?"
„Da ist nichts drin."
„Das wollen wir mal sehen, wo sind die Schlüssel?"
„Sie müssen gleich weg."
„Sie werden nicht aufmachen, wenn es läutet", sagte er. „Für heute ist Ihr Unternehmen geschlossen. Her mit den Schlüsseln!"
Nun begann sie zu toben. Sie brüllte. Es war auch ihre Methode. Die meisten Männer zuckten zurück, wenn sie schrie.
Wallnitz ließ ihr Wutanfall kalt. Er dachte: Ich darf sie jetzt

nicht allein hier unten lassen, sonst telefoniert sie oder macht sonst einen Blödsinn. Sie muß mitkommen. Aber wenn sie auf der Treppe schreit, macht sie mir das ganze Haus verrückt. Er brüllte nun auch. So brüllte er ein- oder zweimal im Jahr im Betrieb, es war seine Art, gordische Knoten zu zerschlagen, ein probates Mittel, wenn sonst nichts mehr half, aber man durfte es nur selten anwenden.
Rosemarie bekam Angst vor diesem rasenden Mann und wurde still.
„Sie machen kein Licht", sagte er, „Sie tun, als wären Sie nicht zu Hause. Jetzt gehen wir hinauf. Haben Sie eine Taschenlampe, oder ist Licht oben?"
„Ich weiß es nicht, ich war noch nie oben."
Sehr geschickt, dachte er.

Zwei halbe Treppen, dann standen sie vor der eisernen Tür, die in den Speicher führte. Die Türklinke stand senkrecht, sie konnte erst herabgedrückt werden, nachdem man den Schlüssel herumgedreht hatte. „Das ist ja wie ein Tresor", sagte er.
Die Türen der Verschläge waren numeriert.
„Hat Ihre Wohnung eine Nummer?"
„Einunddreißig."
Der Verschlag 31 war mit einem starken Vorhängeschloß versperrt, durch die Latten sah man einen altmodischen Koffer stehen, braun gestrichen, aus Rohrplatten, mit kräftigen Beschlägen aus Holz. Sonst war der Verschlag leer.
„Der Koffer gehört mir nicht", sagte sie.
„Den Schlüssel!"
„Hab ich nicht."
„Den Schlüssel!" schrie er.
Er war nahe daran, sie zu schlagen. Rosemarie rannte dem Treppenausgang zu. Angst würgte sie, sie wollte fort, nur fort.
Er holte sie vor der Tür ein. Er war jetzt überzeugt, daß sie wußte, wer sich hier zu schaffen gemacht hatte.
„Gehen wir hinunter", sagte er.
Er löschte das Licht und verschloß die Speichertür. Unten ging er ans Telefon. Er tat, als wäre Rosemarie nicht vorhanden. Als sie aus dem Zimmer gehen wollte, während er seine

eigene Nummer wählte, sagte er nur: „Sie bleiben hier, sonst passiert was."
Das Stubenmädchen meldete sich.
„Rosina", sagte er, „geben Sie mir doch mal Lorenz."
„Sofort, Herr Doktor, er ist drüben beim Abendessen, ich verbinde."
Der Chauffeur bewohnte mit seiner Familie eine Küche und zwei Zimmer über den Garagen beim Parktor. Er meldete sich.
„Lorenz", sagte Wallnitz, „wenn Sie gegessen haben, dann nehmen Sie mal den Porsche, und kommen Sie nach Frankfurt. Ich bin noch bei Rebekka. Drücken Sie aufs Gas. Läuten Sie unten dreimal. Bringen Sie Werkzeug mit."
„Wird gemacht", sagte Lorenz.

Rosemarie hatte sich in den entferntesten Sessel gesetzt. Sie blickte nicht auf.
„Sie sind dumm", sagte Wallnitz, „wir kommen Ihnen doch auf die Schliche. Sie bekommen doch eine Menge Geld von uns. Wenn es Ihnen zuwenig ist, hätten Sie es ja sagen können. Aber nicht solche Geschichten."
„Ich weiß nicht, wovon Sie reden", sagte Rosemarie. Sie kam sich bedauernswert vor und begann zu heulen.
„Heulen Sie nicht, reden Sie. Wer hat das Kabel durch die Küche gelegt?"
„Da waren doch drei von früh bis abends, die waren doch von Ihnen."
„Die meine ich nicht. Die haben nicht das Kabel zum Fenster gezogen."
Wallnitz sah, daß er so nicht weiterkam. Ein Kunde hatte die „Frankfurter Allgemeine" liegenlassen. Er begann einen Aufsatz über die Salzburger Festspiele zu lesen.
Rosemarie erhob sich.
„Wohin?"
„Ins Bad. Sie können ja mitkommen."
Als sie wiederkam, trug sie einen langen Überwurf aus durchsichtigem Stoff.
Sie will mich weich kriegen, blöde Situation, dachte er.
Da ging das Telefon.
„Bleiben Sie weg."

Der Apparat verstummte wieder.
So saßen sie und warteten. Dann ließ Wallnitz seinen Chauffeur ein.
„Tag, Chef", sagte Lorenz.
„Geh in die Küche", sagte Wallnitz, „und schau dir die Kabel an. Aber mach kein Licht."
„Ich hab 'ne Taschenlampe."
Als er zurückkam, sagte er: „Ganz schön schon. Der Horcher an der Wand hört seine eigene Schand. Waren Sie schon oben?"
Er war zu neugierig, zu erfahren, was der einsame Koffer in Verschlag 31 enthielt, um Lorenz die Öffnung des Verschlages allein zu überlassen. Die beiden Männer brauchten kein Werkzeug, um die Latten des Verschlages zu lockern. Rosemarie stand mit trübsinnig leerem Gesicht dabei.
Das graue Kabel verschwand unter dem Koffer. „Na also", sagte Wallnitz. Der Koffer war schwer, weit schwerer als ein Tonbandgerät.
„Meinst du, wir kriegen das Ding auf?"
„Das wäre gelacht", sagte Lorenz. Er machte sich an die Arbeit. „Darf man sehen, daß wir dran waren, Chef?"
„Lieber nicht."
Lorenz brauchte zwanzig Minuten, bis er beide Schlösser geöffnet hatte. Generaldirektor Wallnitz, Dr. ing., Dr. h. c. einer Technischen Hochschule, hielt ihm dabei die Lampe.
Sie fanden verschiedene Batterien und einen kleinen, mit Aluminium verkleideten Kasten, aus dem eine etwa zehn Zentimeter hohe Metallnadel herausragte. Es war ein Sender.
„Ist gut, ich weiß Bescheid", sagte Wallnitz.
Sie ließen alles, wie sie es vorgefunden hatten.
Wieder in der Wohnung, sagte Wallnitz zu Rosemarie: „Sie müssen uns jetzt mal fünf Minuten allein lassen. Was ziehen Sie vor, Küche oder Bad?"
Lorenz schloß sie im Bad ein.
Das Telefon läutete wieder. Ein beharrlicher Mensch ließ es lange klingeln. Das Geräusch wurde nicht angeehmer dadurch, daß Rosemarie begann, mit den Fäusten gegen die Tür zu trommeln. Hätte Wallnitz sich gemeldet, so würde er die Stimme Brusters vernommen haben, der an diesem Tage

von Kairo nach Hause geflogen war.
„Kann mir ungefähr denken, was anliegt“, sagte Lorenz. „Wir wollten hören und werden gehört.“
„Jaja“, sagte Wallnitz, „aber was machen wir mit der Person? Wenn sie morgen zur Polizei geht und sagt, daß wir sie eingesperrt haben, hängen wir drin.“
„Sie hat keinen Zeugen, wir sind zwei gegen eine, und sie geht auch nicht. Wir müssen sie nur aufklären, daß die Polizei Mikros unterm Bett nicht gern hat.“
„Es sind unsere.“
„Aber ihr Bett und ihre Stimme. Was sagt sie denn?“
„Nichts. Sie ist ganz hart.“
„Und ob“, sagte Lorenz.
Ach, dachte Wallnitz, das hat er gesehen? Schneller als ich. Ich hielt sie zuerst für eine Puppe.
„Sie möchten wissen, wer den Koffer da raufgezaubert hat?“ fragte Lorenz.
Wallnitz nickte. „Das vor allem.“
„Die Puppe muß reden, das ist klar; überlassen Sie das mir, Chef. Am besten, Sie fahren nach Hause. Das ist hier nichts für Sie. Wann darf ich anrufen, wenn ich etwas weiß?“
„Die ganze Nacht.“

Wallnitz räumte das Feld gern.
Als er gegangen war, baute der Chauffeur an der Fensterwand eine Sitzecke auf. Dann ging er in die Küche, behob bedächtig den Kurzschluß, isolierte die Verbindungsstelle und rückte die Küchenmöbel wieder an ihren Ort. Rosemarie, als sie das Gemurmel der Stimmen nicht mehr hörte, glaubte, die Männer seien fortgegangen; im Bad eingeschlossen, bekam sie einen hysterischen Anfall.
Lorenz klopfte gegen die Tür und wartete, bis es innen wieder ruhig wurde. Dann sagte er: „Ich bin gleich soweit, mach dich mal hübsch.“
Auf einem Tablett richtete er einen Imbiß mit zwei Tellern und stellte Sekt dazu, eine angebrochene Flasche, die er gefunden hatte. Er deckte den Tisch. Er dachte: ziemlich bescheiden, die schmeißt das Geld nicht raus, schloß die Tür zum Bad auf, ohne jedoch zu öffnen.
Sie mußte es gehört haben. Würde sie jetzt herausstürzen?

Lorenz vermutete – nein, sie überlegt erst mal, was nun wieder los ist. Wenn sie von selber kommt, wird sie zahmer sein.
Er fand es etwas zu dunkel im Zimmer für die Unterhaltung, die er führen wollte. Er öffnete den großen Vorhang, draußen war eine klare Spätsommernacht, ein halber Mond stand über Frankfurt, sein Licht erhellte durch die Glaswand auch das Zimmer. Die gläsernen Wabenburgen, angefüllt mit Büromöbeln, Schreibmaschinen und Akten in eisernen Schränken, die darin an Stäben herabhingen wie Wäsche von der Leine und auch die unteren Stockwerke, in denen sich die Geschäfte befanden, waren verlassen und dunkel. Der ganze Warenstand hatte Pause und erholte sich. Nur ein Kaufhaus bildete einen lichtspeienden Würfel, Putzfrauen geisterten gleich Fledermäusen darin herum.
Er hatte noch Zeit, sich eine Zigarette anzuzünden und die ersten Züge zu tun, ehe sich die Klinke bewegte.
„Komm nur“, sagte er, „es passiert dir nichts.“
Sie kam heraus und blickte sich um. Sie hatte sich angezogen.
„Du wirst Hunger haben“, sagte Lorenz, „ich hab uns etwas zu essen gemacht.“
Statt sich dem Tisch zu nähern, bewegte sie sich langsam auf die Tür zu, die in den Flur führte. Gleich geht sie los, dachte Lorenz. Und richtig, mit einem Sprung war sie plötzlich an der Tür, riß sie auf, stürzte in den Flur, wollte aus der Wohnung entweichen. Aber Lorenz hatte sie hinter Wallnitz versperrt und den Schlüssel abgezogen. Dabei hatte er die beiden Riegel und das Schloß bewundert, das eines Geldschranks würdig gewesen wäre. Als die Tür nicht nachgab, wollte Rosemarie in die Küche, aber auch deren Tür war verschlossen. Es gab keinen Ausweg, sie war gefangen.
Sie lehnte im Flur an der Wand, die Knie wurden ihr weich. Da hörte sie Lorenz, der sich nicht von seinem Platz gerührt hatte, sagen: „Was fürchtest du eigentlich? Dir will kein Mensch was. Wenn du dem Chef gesagt hättest, was er wissen will, wäre alles in schönster Ordnung.“
Sie gab ihren Widerstand auf, setzte sich stumm ihm gegenüber. Er goß ihr Glas voll, sie trank es auf einen Zug aus. Ohne Schminke, ungekämmt, tiefe Schatten unter den Au-

gen, sah sie häßlich aus.
„Du mußt was essen, oder soll ich Sie zu Ihnen sagen? Mir ist es gleich. Ich heiße Hubert."
Er bediente sie. Der einzige Mann, der das bisher getan hatte, war Hartog gewesen. Sie hatte wirklich Hunger, sie aß.
„Ich glaube nicht, daß Sie so dumm sind, wie Sie sich vorhin angestellt haben. Wir sind Ihnen auf die Schliche gekommen – und?"
„Ich kann machen, was ich will."
„Klar kannst du, ich nehm auch Geld, wo ich's kriege. Aber du hast doch 'ne Menge Geld von uns bekommen. Haben die andern noch mehr bezahlt?"
„Nein."
„Wer sind die anderen?"
„Ich weiß nichts."
„Du läßt doch nicht jeden rein, du kannst mir nicht vormachen, du wüßtest nicht, wer die Strippen in der Küche gezogen hat. Wann waren sie denn da?"
„Am Montag."
„Vor vier Tagen? Und wer war's?"
Sie verstummte wieder.
„Es hilft nichts, ich gehe hier nicht raus, bevor ich's weiß. Egal, wie lang es dauert."
In diesem Augenblick klingelte das Telefon wieder. Bruster rief zum zweitenmal an.

Er hatte sich im Sheppeard schon um 5 Uhr wecken lassen müssen, seine Maschine war um 6.20 Uhr gestartet. Das Mittelmeer, Italien, die Alpen waren unter ihm weggeglitten, ohne daß er Schlaf hätte finden können. In den Stunden des Spätnachmittags waren dann die wochenlang aufgestauten ABRUDA-Wogen über ihm zusammengeschlagen, und seine schon in Moskau gefaßte Absicht, Rosemarie für eine bestimmte Aufgabe zu verwenden, hatte sich durch eine Aktennotiz, die er vorfand, verstärkt.
Er war rechtschaffend müde gewesen, als er zum Abendessen nach Hause gekommen war, begrüßt von seiner Frau Charlotte, geborene Hartmann, auf der Universität Jo genannt. Diesen Namen hatte sie mit in die Ehe gebracht, aber Bru-

ster benutzte ihn ostentativ nicht. Sie hatte zur Zeit seiner Ankunft eine Sitzung der von Frau Generalkonsul Speahy organisierten Nachbarschaftshilfe besucht und ihn deshalb nicht abgeholt. Und nun ging es auf elf Uhr, er zog einen Arm unter ihrem Kopf weg und sagte: „Na, Mutti, dann machen wir mal Schluß. Ich bin müde wie ein Hund."
„Geh nur", sagte Jo. Die Anrede Mutti, die sie ihm vergeblich abzugewöhnen versucht hatte, war ihr so verhaßt, daß sie keine Lust mehr auf die Fortsetzung des ehelichen Wiedersehens verspürte. Außerdem hatte sie sich in den Wochen, in denen er verreist gewesen war, auf einen Tennisplatz-Flirt eingelassen, der sie beschäftigte. Alfons weit weg zu wissen war angenehm gewesen. Sie liebte es neuerdings, allein zu sein. Im Liegestuhl unter dem großen Nußbaum ausgestreckt, träumte sie sich in platonische Ehebrüche hinein.
Der Ton, in dem sie „Geh nur" sagte, mißfiel Bruster aufs äußerste. Es war eben mit ihr nichts anzufangen. Jetzt war er fünf Wochen weggewesen, in Moskau und Umgebung, Moskau war zwar in Rosemaries Kreisen nicht mehr der letzte Schrei, Rotchina hatte es verdrängt, eine Reise dorthin war jetzt beinahe so gut wie das Große Bundesverdienstkreuz oder sogar besser – aber immerhin: Er war 15000 Kilometer über der Sowjetunion geflogen.
Er war berauscht von soviel Land. Da war Platz für mehr Draht, als hundert ABRUDA-Werke herstellen konnten, aber auch das war es nicht, nicht das Geschäft, obwohl sich die Beziehungen gut angelassen hatten. Es war das Land selbst, es hatte ihn gepackt. Er hatte es gerne weit um sich herum, und da war es weit gewesen, viel weiter noch als in Amerika, das ihm unermeßlich groß vorgekommen war bei seinem ersten Besuch. Was er hinter dem Ural gesehen hatte, war unvergleichlich und unbeschreiblich gewesen: Land, Land, Land wie am Tage der Schöpfung, nur da und dort, eingebettet in das unendliche Ungestaltete, ein Ort, ein Dorf, eine Fabrik, eine Kolchose. Er hatte, vom Flugzeug aus 2000 Meter Höhe hinabblickend, gedacht: wie ein riesiger See mit ein paar kleinen Inseln. Er hatte die Weite eingeatmet, er hatte sich mit ihr vollgesogen, sie war jetzt in ihm, ganz Rußland trug er in sich, und er hatte versucht, seiner Frau etwas davon zu erzählen, beim Abendessen und nach-

her, aber diese eingebildete Gans verstand ihn nicht, wollte ihn nicht verstehen, und jetzt sagte sie: Geh nur!
Er durchquerte Ankleide- und Badezimmer, trank im Vorbeigehen ein Zahnputzglas voll Wasser, spuckte den letzten Schluck in die Wanne zurück und legte sich in sein prächtiges Bett. Als er lag, wählte er Rosemaries Nummer. Er wollte sie bald sehen.

Lorenz sagte: „Geh dran. Aber mach keinen Unsinn."
Sie war weit davon entfernt, Unsinn zu machen. Sie hatte innerlich umgeschaltet, nichts anderes wollte sie jetzt, als möglichst gut aus der Sache herauskommen. Der Anruf schien sie ebenso zu überraschen wie zu erfreuen. „Du bist's, Dikker? Ja, doch, die hab ich bekommen – nein, das hast du nicht geschrieben – ich war nicht zu Hause – morgen? Moment mal ..." Lorenz sah sie zum Schreibtisch gehen; sie holte ein grünes Notizbuch aus einer Schublade und kehrte damit zum Telefon zurück. „Ja", sagte sie, „aber erst am Nachmittag, nicht vor 15 Uhr."
Sie hängte ein und machte eine Eintragung in ihren Kalender. Die Rückkehr Brusters kam ihr sehr gelegen. Als sie seine Stimme hörte, war es ihr, als wäre sie nicht mehr ganz so schutzlos wie in den vergangenen Stunden. Die Sache, in die sie sich hatte verwickeln lassen, schien ihr zwar bereits nicht mehr so schlimm zu sein, aber ausgestanden war sie noch nicht, das fühlte sie. Sie hätte weder sagen können, worauf sie sich eigentlich eingelassen hatte, noch, worin die Gefahr wirklich bestand, von der sie sich bedroht fühlte. Aber da oben auf dem Speicher und hinter der verschlossenen Tür des Badezimmers hatte sie gespürt, daß der Wall von Sicherheit, den sie um sich errichtet hatte, an dem sie baute, jeden Augenblick wieder brechen konnte. Das Ungeheuer Lebensangst war mit ihr eingeschlossen gewesen und hatte sie fast umgebracht. Noch streifte sie keine Ahnung, es könnte der Tod sein. Was sie fürchtete, war der Rücksturz in ihr früheres Leben, in Not. Sie war oben, und sie wollte oben bleiben, um jeden Preis ..., um jeden Preis!
Aber es dauerte eine Woche, bis sie ihr Badezimmer wieder ohne Beklemmung betreten konnte. Die Erfahrung, eingeschlossen gewesen zu sein, hatte sie erschüttert, und bis zu

ihrem Tod verlor sie nicht das peinigende Erinnerungsvermögen an den Geruch des Speichers, nach Staub, ausgedörrtem Tannenholz und altem Zeitungspapier.
„Hätte ich so ein Geschäft wie Sie", sagte Lorenz, „würde ich alles tun, daß es läuft. Sand im Getriebe ist immer schlecht."
„Was wollen Sie denn?" sagte Rosemarie, jetzt bereit zu allem.
„Immer dasselbe. Wer hat die Strippe gezogen? Wem haben Sie den Speicherschlüssel gegeben?"
„Sie waren von der Polizei."
„Was für eine Polizei?"
„Polizei eben. Sie waren nicht in Uniform."
„Woher wissen Sie denn, daß sie von der Polizei waren?"
„Sie haben einen Ausweis gehabt. Der eine. Es waren zwei."
„Was stand da drauf?"
„Ich hab's nicht gelesen."
„Sie haben gesagt, sie kämen von der Polizei."
„Nicht direkt."
„Also wie?"
„Ich weiß doch nicht, sie waren nicht von hier, sie sagten überhaupt nichts, bloß daß ich niemand etwas von ihnen sagen dürfte und daß es meine Pflicht wäre, ihnen zu sagen, wer zu mir kommt und ob Herr Schmitt oft hier ist."
„Welcher Schmitt?"
„Das wissen Sie doch", sagte Rosemarie, „er ist doch der Chef von Ihrem Chef."
„Und was will sie von ihm, diese Polizei?"
„Ich soll ihn fragen, was er mit den Russen hat, aber so, daß er's nicht merkt. Sie wollen wiederkommen."
„Haben sie eine Telefonnummer dagelassen?"
„Nein."
„Und dann haben sie die Leitung gezogen?"
„Nein, das war erst am Montag."
„Sie kamen doch erst am Montag."
„Sie waren zweimal da. Das erstemal am Sonnabend. Ganz früh. Sie hatten einen Apparat mit, und den wollten sie aufstellen."
„Was für einen Apparat?"

„So einen wie der – wie der in der Küche. Sie haben herumgesucht, und da haben sie den Knopf gefunden, und dann haben sie weitergesucht und haben die Leitungen gefunden, und dann wollten sie mich verhaften, aber ich habe gesagt, ich weiß von nichts, ich bin hier erst eingezogen. Dann haben sie alles durch und durchgesucht und gelesen und alles aufgeschrieben."
„Was gelesen?"
„Was ich aufschreibe und so."
„Ist ja fein", sagte Lorenz, „dann wissen sie also auch die Namen?"
„Ich muß doch aufschreiben", sagte Rosemarie, „aber von dem, was ihr hier gemacht habt, wissen sie nichts. Daß der Dicke mir das Geld für die Wohnung gegeben hat, das haben sie sowieso schon gewußt."
„Welcher Dicke?"
„Der die große Fabrik hat", sagte Rosemarie. „Bruster. Er war jetzt auch ..."
... in Rußland wollte sie sagen, aber dann fing sie sich im Wort und schwieg.
„Haben die eigentlich was bezahlt?"
Sie verstand sogleich, wen er meinte: die beiden von der Polizei.
„Ja."
„Wieviel?"
Wieviel? Sie hatten lumpige fünfhundert bezahlt und gesagt, sie bekäme in Kürze noch einen Auftrag, und wenn es mit Schmitt klappen würde, würde sie auf jeden Fall noch mal soviel bekommen. Kein Vergleich zu dem, was Mallenwurf & Erkelenz bezahlte.

Der Bericht, den Lorenz seinem Herrn noch in der Nacht erstattete, hatte eine längere Unterhaltung zwischen diesem und Schmitt am nächsten Vormittag zur Folge.
„Wieviel Steuern bezahlen wir im Jahr?" fragte Schmitt.
„Unmittelbar einhundertvierzig Millionen, rechnet man die Lohnsteuern dazu, dann ..."
„Wenn man wüßte, wie groß der Etat unserer verschiedenen Geheimdienste ist, dann könnten wir ausrechnen, wieviel wir selber dazu beigetragen haben, daß die Herren einen Sender

aufbauen können, um etwas über mich durch mich zu erfahren."
„Das ist eben so."
„Finden Sie das in Ordnung?"
Wallnitz zuckte mit den Achseln. „Ordnung", sagte er, „das sind verschiedene Unordnungen, die sich gegenseitig ausbalancieren."
„Sind doch komische Zeiten, finden Sie nicht?" sagte Schmitt. „Alles so absolut. Der alte Krupp verkaufte noch seine Kanonen an Gott weiß wen, da fand niemand etwas dabei, nicht einmal, wenn sie gegeneinander losgingen. Und wir? Es macht keinen Spaß mehr."
„Gestern nacht, bei der Dame, kotzte mich auch alles an", sagte Wallnitz, „aber jetzt denke ich wieder ganz anders. Mich ärgern diese Burschen mit den Ohren auf dem Speicher genauso wie Sie. Die sollen uns verdammt in Ruhe lassen! Wer verdient denn das Geld? Wir doch! Und weil sie mich ärgern, möchte ich sie wieder ärgern. Hereinlegen. Wie wär's, Sie gingen manchmal zu Rosemarie und machten dort Märchenstunde, Märchenstunde für den Geheimdienst. Die könnten wir doch ganz schön auf Trab bringen. Erzählen Sie, wir hätten eine Fabrik in Tula gekauft ..."
„Warum gerade Tula?"
„Schulerinnerung. Wir haben gelernt, die einzigen Fabriken, die Rußland unter dem Zaren gehabt hat, waren in Tula."
„Nicht schlecht, Ihre Idee."
„Dann hat jeder, was er will, und wir brauchen die Ausfallgarantie an Rosemarie nicht zu bezahlen."
„Wie weit, glauben Sie, daß so ein Ding sendet?"
„Ich nehme an, nicht über Frankfurt hinaus. Die Gegenstelle muß irgendwo in der Stadt sein", sagte Wallnitz.
„Ziemlich viel Aufwand."
„Deshalb sollten wir sie auch nicht enttäuschen. Je länger ich's mir überlege, wie wir die reinlegen können, desto besser gefällt mir's. Aber es muß glaubhaft sein, die sind ja nicht dumm."
„Machen Sie's doch selber", schlug Schmitt vor.
„Nein, mein Bedarf an Rosemarie ist gedeckt. Ich hatte sie mir anders vorgestellt, menschlicher. Ich gebe zu, die Person hat etwas. Stahlfedern. Sieht aber aus wie ein Seifenpuppe;

als wir Kinder waren, schenkte uns eine Tante zum Geburtstag kleine Puppen aus Seife, es war scheußliche Seife. So sieht sie aus, und zuerst dachte ich, so sei sie auch."
„Das stimmt nicht."
„Das weiß ich jetzt, aber trotzdem, sie interessiert mich nicht. Mit solchen Typen haben wir doch immer zu tun, aber sonst haben sie Hosen an und wollen uns geschäftlich fertigmachen, und wir wollen sie geschäftlich fertigmachen – das reizt mich, aber Studien am Phantom ..., nein, ohne mich. Der Rebekka-Traum ist sowieso ausgeträumt."
„Eigentlich schade, es lief sich gerade ein."
„Aber immer noch besser so. Stellen Sie sich vor, wir hätten nichts gemerkt ..., wir wären in des Teufels Küche gekommen ...!"
„Wissen Sie, warum es besonders schade ist, daß wir die Anlage nicht mehr verwenden können?"
„Ich ahne es. Bruster! Er ist zurück, es steht heute früh in der Zeitung."
„Richtig!"
„Er geht bei der Dame ein und aus, und wie ich ihn kenne, wäre er ausgesprochen ergiebig gewesen."
„Er kommt uns in die Quere. Er ist ganz der Typ, der den Russen gefällt. He, Bruder, und immer noch einen Wodka. Es wäre schön gewesen, wir hätten via Rosemarie erfahren, was er da drüben ausgerichtet hat ... Was freut Sie?"
„Ich hatte gerade 'ne Vision, ich sah ein paar mächtige Herren in Bonn zusammensitzen, und einer sagte: Es wäre schön, wir wüßten ein bißchen, was für Geschäfte der Schmitt jetzt mit Rußland anzettelt, und dann sagt ein anderer, der jeden Tag seine vertraulichen Informationen vom Geheimdienst bezieht: Da wüßte ich etwas, da ist doch so eine Edelnutte in Frankfurt, mit der schläft die ganze Industrie ..."
„Sie übertreiben."
„Übertreibung ist auch ein Mittel zur Klärung", sagte Wallnitz.

„Könnten wir nicht einen Schalter einbauen?" überlegte Schmitt.
„Einen was ...?" fragte Wallnitz. Dann verstand er. „Sie mei-

nen einen Schalter, mit dem wir den Sender von den Bonner Herren, aber wahrscheinlich kommen sie aus Pullach, nach Belieben ein- und ausschalten können?"
„Wäre das nicht gut?"
„Wird das zu kompliziert ..., lassen wir's schießen! Schneiden wir die Leitung zum Sender einfach durch, was wollen die andern denn machen, sie können doch nicht Krach schlagen ... Ich sage Ihnen, sie werden einfach den Schwanz einziehen, wenn sie merken, daß sie entdeckt sind."
„Und wenn sie es nicht tun?"
„Dann wollen wir sie mal kommen lassen. Ich bin überzeugt, daß Rosemarie Lorenz nichts vorgemacht hat, die wissen nichts von uns. Wir sind klar im Vorteil. Sie hat dichtgehalten – und ich finde es allerhand von ihr. Sie weiß nicht, worauf es uns eigentlich ankommt, aber sie hat genau gefühlt, sie hält sich am besten heraus."
„Da stimme ich Ihnen zu", sagte Schmitt. „Ich finde die Welt schäbig. Alles halb, und nicht mal halb, keiner riskiert sich selber. Aber sie tut es. Sollte mich wundern, wenn sie alt würde."
„Sie meinen also, wir sollten sie auf Bruster ansetzen?"
„Was heißt ansetzen? Sie braucht doch nur auf den Knopf zu drücken. Den Sender schalten wir ganz aus. Und Lorenz holt wieder die Bänder ab, wenn sie uns Bescheid sagt."
„Sie glauben, das wird sie tun – es geht doch gegen Bruster?!"
„Warum nicht?" fragte Schmitt erstaunt.
„Sie verdankt ihm viel!"
„Ach, Sie kennen sie noch immer nicht. Wie ein Motor mit Benzin läuft, so läuft sie mit Geld."

In diesem Augenblick leuchtete die grüne Lampe der Sprechanlage auf.
„Ja?" sagte Schmitt.
„Herr Bruster möchte Sie sprechen."
„Verbinden Sie."
Er ließ den Sprechkontakt los. „Hören Sie mit, Wallnitz", sagte er und schaltete den Lautsprecher des Telefons ein.
Es ist immer merkwürdig, einem Telefongespräch zuzuhören, bei dem der eine Partner in der Vorstellung spricht, nur

von dem gehört zu werden, mit dem er sich verbunden weiß. Aus der Intimität des Zwiegespräches herausgerissen, aus dem elektrischen Flüstern der Hörmuschel frei in den Raum übertragen und ihn füllend, wirkt die Stimme des Ahnungslosen stets übertrieben; Abneigung, Anbiederung, Eifer oder Desinteresse, was immer sie zum Ausdruck bringen will, erscheint ins Komische verzerrt; sie vermittelt aber dennoch ein plastisches Bild dessen, der auf der anderen Seite der Leitung spricht.

„Hier Bruster – hallo!"

„Freue mich, Sie zu hören, sind Sie gut zurück?"

„Benissimo. Aber fahren Sie nie im August nach Kairo, ich habe dort zehn Pfund abgenommen in einer Woche, macht bei mir ja vielleicht nichts, haha. Wie geht's denn so immer?"

„Danke. Soweit geht's. Urlaub ist fällig, aber ich fahre auch bald."

Der Lautsprecher machte überdeutlich, daß die Mühle noch leer lief. Aber jetzt begann sie zu mahlen.

„Herr Schmitt, ich hätte das ja vielleicht auch mit Dr. Wallnitz besprechen können, er weiß ja Bescheid, aber ich dachte, es ist vielleicht doch besser, ich spreche mit Ihnen darüber … Hallo?"

„Ich höre."

„Die Sache ist nämlich die, ich habe heute früh bei unseren ‚Baby Doll'-Freunden herumtelefoniert, und ich glaube, wir sollten mal schleunigst zusammenkommen."

„Wer?"

„Der ganze Verein, mit Ausnahme von Hartog."

Schmitt blickte Wallnitz an; dieser ließ erkennen, daß er Brusters Ansicht teilte.

„Wir haben uns das auch anders vorgestellt."

„Hartog hat uns da schön eingewickelt. Wir hatten doch ausgemacht, daß wir Kontakt halten, schließlich haben wir ein volles Jahr daran gearbeitet, jeder von uns, und nun will er das Stück solo allein spielen mit der Regierung. Oder haben Sie jemand bei Hartog?"

„Niemand."

„Sollen wir uns das bieten lassen?"

„Fragt sich, was wir noch machen können."

„Die Sache ist nicht koscher und war's nie, und jedenfalls müssen wir wissen, was bei ‚Baby Doll' herauskommt. Die Rakete sollen sie ruhig hochschießen und Hartog draufschreiben, das ist mir scheißegal, aber alles, was dazugehört, Treibstoff, Steuerung, Zündung, Motor, das ist nicht DRP Hartog oder gar DRP Hoff, da ist unser Köpfchen mit drin. Wir haben versäumt, einen Auswertungsvertrag zu machen ..., sind Sie nächste Woche im Lande?"
„Ich denke schon."
„Würden Sie kommen?"
„Ja."
„Gut, dann lassen wir die Lemuren den Termin auskochen. Auf bald!"

Es zeigte sich, daß tatsächlich nichts mehr zu machen war.
Hartog empfing Bruster und erklärte, er bedauere die Entwicklung unendlich. Aber er konnte eine schriftlich formulierte Auflage des Verteidigungsministeriums vorweisen, die ihm verbot, irgendwelche Informationen über „Baby Doll" an Dritte zu geben. Das ganze Projekt war sekretiert, und Hartog sagte: „Wir sind selbst nicht mehr Herr im Haus. Wir müssen dort jetzt Los Alamos spielen; mit roten und blauen Marken im Knopfloch und verschiedenen Graden der Geheimhaltungspflicht, oder besser gesagt der Vertrauenswürdigkeit. Wenn ich hinfahre, steht eine Wache in unserem eigenen Betrieb und fragt mich, wohin ich will."
Bruster telefonierte reihum und machte seiner Empörung Luft. Er mußte hören, die Sache sei gelaufen.
„Abwarten", erwiderte Bruster, „dem Hartog helf ich auf die Sprünge, die Hose hängt noch nicht am Bett." Es war eine der Redensarten, die er sich angewöhnt hatte, um seine Frau zu ärgern.

Seine Erfahrungen mit Rosemarie nach seiner Rückkehr waren wenig erfreulich. Sie hatte ihm gewaltig imponiert, als sie ihm sein Geld bei der ersten Begegnung zurückgegeben hatte. „Das eilt doch nicht", hatte er gesagt und die zwanzigtausend eingesteckt. Er hätte sie ihr beinahe geschenkt dafür, daß sie so zuverlässig und so tüchtig war. Und auch, weil

es ihn im stillen immer noch wurmte, daß Hartog ihr den SL bezahlt hatte. Er hätte sie gerne als seinen Privatbesitz betrachtet, aber davon konnte keine Rede sein.
Die Nächte im Dornbusch wiederholten sich nicht. Sie geizte mit ihrer Zeit und hielt ihn im Zaum ihres Terminkalenders, der ihr ein Leben aufzunötigen begann, das dem ihrer Kunden immer ähnlicher wurde. Soweit sie nicht damit beschäftigt war, Geld zu verdienen, mußte sie sich mit ihrer körperlichen Instandhaltung beschäftigen, um Geld verdienen zu können. Sie trieb Gymnastik und ließ sich massieren, sie legte Rohkosttage ein und lebte nach einem Diätplan.
Nicht nur Bruster kam nicht mehr zur vollen Entfaltung seiner Persönlichkeit in und an ihrem Bett, aber er hatte im Gegensatz zu ihren neueren Bekanntschaften Vergleichsmöglichkeiten; er hatte sie noch erlebt, als sie Zeit verschwendete. Er wurde mit ihr unzufrieden und hielt damit nicht zurück. Ihre Habgier, ihr Wille zeigten sich seiner Dynamik überlegen. Das war ihm noch nicht passiert. Der Apparat im Kleiderschrank hörte mit.
Schmitts Vorschläge hatte Rosemarie ohne Zögern angenommen. Er bezahlte ihr die sechstausend, die sie zu verlieren behauptete, wenn sie über den Sender nichts lieferte. Schmitt bezahlte, ohne zu feilschen und ohne zu glauben, daß ihr tatsächlich so viel geboten worden sei – nur, um sich ihrer zu versichern. Der Sender wurde stillgelegt. Das „Rebekka-Arrangement“ blieb in Kraft, eingeengt auf Bruster. Sie hatte nur auf den Knopf zu drücken, wenn er bei ihr war, und jedesmal verdiente sie damit tausend Mark. Ferner hatte sie versucht, Bruster zu steigern, aber er hatte es rundweg abgelehnt, mehr zu bezahlen. Da sie ihm kaum noch mehr als zwei Stunden bei seinen Besuchen schenkte, das heißt also: verkaufte, lief es doch auf eine erhebliche Preiserhöhung hinaus. Das Tonband von Mallenwurf & Erkelenz lief nur hurtig, wenn Bruster da war.

Mit Rosemarie ging etwas Merkwürdiges vor: Sie fing an, sich für das Gerede ihrer Kunden zu interessieren. Ohne es zu wollen, brachte es gerade Bruster dahin, daß sie die Basis ihres Geschäftes bewußt und planvoll erweiterte. Sie befreite sich von der manischen Vorstellung, daß sie nur mit sich

selbst verdienen konnte, und begriff endlich, welche finanziellen Möglichkeiten ihr die Tatsache erschloß, daß die meisten Männer, die zu ihr kamen, ihr mehr Vertrauen entgegenbrachten als den Menschen, mit denen sie ihr berufliches und familiäres Leben führten. Vielleicht ist das Wort Vertrauen hier aber doch falsch benützt. Nein, Vertrauen war es nicht, was ihnen die Lippen öffnete; sie glaubten ganz einfach, sich in einer anderen Welt zu befinden, wenn sie bei ihr waren, in einer Welt, von der aus es keine Verbindungen zu jener gab, in der sie vorsichtig, mißtrauisch, listig und brutal ihrem Vorteil nachgingen. Obwohl sie von Rosemaries Fenster aus ebendiese Welt geradezu exemplarisch zu ihren Füßen liegen sehen konnten, dieses Frankfurt, fühlten sie sich bei ihr wie ins Niemandsland ausgewandert. Daran wäre viel Wahres gewesen, wenn Rosemarie nicht entdeckt hätte, daß dieses Männergeschwätz durchaus nicht nur Geschwätz war, sondern zum guten Teil Information – glasklare, ungeschminkte, allenfalls von Geltungssucht etwas gefärbte, aber dennoch zuverlässige Information, die einen hohen Wert besaß. Jetzt wurde sie wirklich gefährlich.
Zum erstenmal hatte sie aufgehorcht, als Lorenz beim Anhören des Bruster-Bandes gesagt hatte: Da würden aber viele eine Stange Geld dafür ausgeben. Sie hätte die Bemerkung wieder vergessen, sie wäre untergegangen, wenn ihr nicht kurz darauf Schmitt den Vorschlag gemacht hätte, Bruster zu bespitzeln. Nach der Erfahrung im Falle van Strikker war Schmitt überzeugt, daß Rosemarie eine ideale Agentin sei – nämlich eine, die nicht verstand, was sie hörte. Er kannte sie doch nicht so gut, wie er glaubte. Sie war nicht unbelehrbar, man mußte ihr nur richtig beibringen, was sie lernen sollte, und ihr klarmachen, welchen Nutzen sie davon hatte. Es bedurfte nur des Einbaues eines kleinen Rädchens in den Mechanismus Rosemarie, damit sie fähig wurde, komplizierte geschäftliche Sachverhalte zu verstehen und im Gedächtnis aufzubewahren, sofern sie ihr in einfachen Worten mitgeteilt werden. Das offensichtlich Unverwertbare und Verwertete vergaß sie auch künftig wieder, wie denn überhaupt ein Element ihrer virtuosen geschäftlichen Begabung in der Ökonomie lag, die sie in jeder Hinsicht walten ließ.
An der notwendigen sprachlichen Einfachheit fehlte es bei

den meisten ihrer Kunden nicht. Mit welchem Reichtum an Bedeutungsgehalten muß jedes Wort angefüllt sein, wenn es möglich ist, mit einem derart kleinen Vorrat gestanzter Formeln, wie er von Rosemaries Partnern benützt wurde, die zwar mechanisierte und geistverlassene, aber auf ihre Art doch komplizierte Welt der Produktion und des Verkaufes in sinnvoller Bewegung zu halten! Welch minderen Ranges diese Leistung ist, läßt sich daran ermessen, daß sie nur von Millionen in sinnvoller Arbeitsteilung hervorgebracht werden kann, daß aber die Weisungen an die Millionen und ihre Verständigung untereinander mit Wortkombinationen vor sich gehen, die nicht mehr Ausdruckskraft besitzen als die Sprache eines zehnjährigen Kindes oder – einer Rosemarie.

Es steht hierzu nicht im Widerspruch, daß der eigentliche Anstoß für Rosemarie, sich die Bedeutung dessen, was in ihrer Wohnung geredet wurde, zu überlegen, gerade deshalb von Bruster kam, weil er mit seinem sprachlichen Pfund zu wuchern verstand. Angefüllt mit Erlebnissen, angefüllt mit neuer Welterfahrung, kam er von seinen Reisen zu ihr und breitete sie vor ihr aus. Es war ausgesprochen dumm von seiner Frau Charlotte, genannt Jo, ihn nicht zum Erzählen zu ermuntern. Er war ein Schwamm von Mann, der die Welt in sich aufzusaugen und in eine Bruster-Welt zu verwandeln vermochte, und wenn sie dadurch auch nicht schöner wurde, als sie ist, so wurde sie doch auf eine originelle Art griffig. Es lohnte sich, ihm zuzuhören; das Ungeschlachte seiner Durchschlagskraft bescherte ihm Erlebnisse, die feiner gewebten Naturen nicht zuteil werden.

Charlotte, in ihrer Gier nach Reichtum, hatte den falschen Mann geheiratet. Mit Bruster, dem sie aus der Ferne hätte zuschauen müssen, um ihren Spaß zu finden, wußte sie nichts anzufangen, und selbst der elementare Spaß, den man mit ihm aus jener Nähe haben konnte, die das Bett mit sich bringt, war nichts für sie; sie war dafür verdorben, sie hatte sich auf fein dressiert, und sie hätte den ABRUDA-Reichtum gerne in Gestalt eines Hündchens geheiratet, das man an einer eleganten Leine spazierenführen konnte. Aber der Mensch kann eben nicht alles haben.

Man muß Rosemarie zugute halten, daß sie zunächst nicht

um finanzieller Vorteile willen Bruster zuzuhören begann, sondern weil die Unmittelbarkeit seiner Schilderungen auf sie Eindruck machte. Die Pünktchen in Frau Endrikats Niederschriften der Bruster-Bänder ersetzten durchaus nicht nur die intimen Verlautbarungen; sie ließ auch alles aus, was er von Rußland und Ägypten erzählte, soweit es sich nicht auf geschäftliche Dinge bezog, denn so wollte es ihr Auftrag. Doch mit diesen Erzählungen gewann Bruster Rosemaries Interesse zuerst, das dann, einmal geweckt, nur desto mehr wuchs, wenn er auf Geschäft und Geld, auf Beziehungen und Namen, auf Fabrik und Konkurrenz zu sprechen kam. Es ging ihr auf, daß die Welt ihrer Kunden ein Gewebe war, das man aufziehen konnte, wenn man einmal den Faden in die Hand bekommen hatte.

Bruster kam jetzt fast jeden zweiten oder dritten Tag. Vielleicht wollte er die Begrenztheit der einzelnen Besuche bis zu einem gewissen Grad durch Häufigkeit ausgleichen; vielleicht lockte ihn auch die lebhaftere Teilnahme, die sie neuerdings an ihm nahm, ihr wachsendes Verständnis für seine Probleme. Schmitt konnte mit der Ausbeute zufrieden sein, Rosemarie mit ihren Einnahmen nicht minder. Sie machte auf allen Gebieten Fortschritte, mit jener Sprunghaftigkeit, die ihre letzte Lebenszeit, die kurze geschichtliche, nach einer langen prähistorischen, kennzeichnete.

Eine Woche nach Brusters Rückkehr hätte sie Schmitt bereits unmittelbar jene Auskünfte geben können, die er über das Tonband bezog, aber sie hatte keinen Anlaß, ihn darauf aufmerksam zu machen. Es war nicht Bruster, es war Hartog, der das erste Opfer der Agentin Rosemarie wurde, und es war Bruster, der sie dazu anstiftete.

Eines Tages – es war der Tag nach seiner Intervention in Essen – lenkte er das Gespräch auf Hartog; zu diesem Zweck bediente er sich einer Wochenzeitung, die gerade erschienen war und Hartogs Bild groß brachte. Er legte sie mit Illustrierten, die er zu kaufen pflegte, für Rosemarie auf den Tisch, und es blieb nicht aus, daß sie das Bild entdeckte. Er sah den Blick, aber sie sagte nichts dazu.

So blieb ihm nichts übrig, als zu fragen: „Kennst du ihn noch?!"

Sie lachte nur ein bißchen. Es war eigentlich kein Lachen,

sondern nur ein Ausstoßen des Atems durch die Nase bei geschlossenem Mund.
„Du hast ihn nie wieder gesehen?"
„Nein, wo denn?"
„Du gehst doch oft ins Palasthotel."
„Ist er dort?"
„Hin und wieder. Möchtest du ihn sehen?"
„Wozu?"
„Warum ist er eigentlich weggeblieben, war er wirklich eifersüchtig?"
„Ich weiß nicht."
„Er muß doch einen Grund gehabt haben?"
Sie zuckte mit den Schultern.
Dann sprachen sie von etwas anderem.

Am nächsten Morgen ließ er sich mit Hartog verbinden. Er war nicht da, rief aber eine Stunde später zurück.
„Wie war's denn in Moskau?"
„Großartig, du müßtest unbedingt mal hinfahren, da geht dir mancher Knopf auf."
„Es war also interessant?"
„Und ob. Ich erzähl dir davon, wenn du willst. Kommst du mal rüber?"
Wann fängt er wieder von „Baby Doll" an, dachte Hartog, deshalb ruft er doch an. Aber Bruster fing nicht davon an. Als das Gespräch zu Ende war, hatten sie sich auf einen Drink in der Bar des Palasthotels für einen der nächsten Tage verabredet.
Er will mich noch mal direkt vor der Flinte haben, dachte Hartog.
Bruster fing jedoch auch in der Bar nicht von „Baby Doll" an. Sie sprachen über dieses und jenes, Bruster erzählte, aber es war nicht mit dem zu vergleichen, was er Rosemarie geboten hatte und was Frau Endrikat leider durch Pünktchen ersetzt hatte. Leider, denn sowohl Schmitt wie Wallnitz wären interessierte Zuhörer gewesen.
Nein, was Hartog von Bruster zu hören bekam, war Touristenschnickschnack über die Sowjetunion, und es war zu spüren, daß der Zweck der Verabredung sich darin unmöglich erschöpfen konnte.

Da sah er Rosemarie die Bar betreten. Sie trug ein graues, einfaches, teures Kostüm, ein frühherbstliches, eine verbesserte Ausgabe dessen, das er ihr einmal gekauft hatte. Sie steuerte auf die Bartheke zu, erblickte dann wie zufällig Bruster und rief ihn an.
„Hallo, wie geht's?"
Bruster blieb sitzen. „Du bist's? Lange nicht gesehen. Was treibst du denn?"
„Guten Tag", sagte Rosemarie zu Hartog.
„Guten Tag."
„Ihr kennt euch? Um so besser, dann brauche ich ja nicht vorzustellen. Setz dich zu uns, oder suchst du einen anderen Herrn?"
„Ich suche niemand. Ich komme nur so, ich will was trinken."
„Das sollst du haben. Einen Whishy?"
„Brrr, bloß nicht. Schwarzen Johannisbeersaft mit einem Schuß Sekt drin."
„Na so was, das ist aber apart!"
Er bestellte ihr Getränk und zugleich für Hartog und sich noch einen Whisky.
„Für mich nichts mehr", sagte Hartog, „ich muß weg. Wie geht es Ihnen?"
„Ich kann nicht klagen."
„Den trinkst du noch", sagte Bruster, als der Kellner den Whisky auf den Tisch stellte.
Hartog trank in einem Zug das bißchen weizenfarbene Flüssigkeit, die ein Eiswürfel an den Glaswänden hochstaute; erhob sich, gab beiden die Hand und ging.
„Wetten, daß er dich anrufen wird?"
„Der nicht, und er hat auch meine Nummer gar nicht." Aber sie dachte: Ob er anruft?

Es verging eine Woche, es verging ein Wochenende, am Montag stand er vor ihrer Tür. Die Adresse hatte er sich von Kleie geben lassen.
„Wer ist da?" hörte er ihre Stimme aus dem falschen Marmor und aus dem echten Aluminium kommen.
„Ich."
„Wer ich?"

„Hartog", sagte er so leise, als traue er sich nicht, seinen Namen auszusprechen. Er hörte einen Ausruf, dann schlug der Türöffner an. Er hatte Glück, wenn das ein Glück war, sie war allein.
Die drei Schritte vom Lift zu ihrer Wohnungstür legte er wie ein Nachtwandler zurück. Er ging durch die Tür, die sie halb geöffnet hatte, ohne etwas zu sagen und ohne sie anzuschauen. Sie schloß hinter ihm und legte einen Riegel vor. Die Zeit, die sie brauchten, um sich ihrer Kleider zu entledigen, nachdem er, kaum hatte er das Zimmer betreten, bereits angefangen hatte, sich auszuziehen, kam ihm unerträglich lang vor; nicht aus Gier, nicht weil er den Augenblick der Vereinigung nicht erwarten konnte, sondern weil er an nichts denken wollte, vor allem nicht daran, wo er war. Aber er war da. Wo sie standen, der eine da, der andere dort, häuften sich ihre Kleider auf dem silbergrauen Plüsch. Sie ging zum Bett. Er umschlang sie, stumm, hart, voll Feindschaft, er tat ihr weh, es nahm ihr den Atem, so preßte er sie an sich. Aber sie fand es schön, zum erstenmal in ihrem Leben. Sie jammerte und schrie gellend.
Dann lagen sie still beieinander, er schaute sie nicht an, er hatte seinen Kopf neben ihrem, sein Kinn lag über ihrer linken Schulter, und ihre Haare waren zwischen seinem Gesicht und dem Kissen. Er streichelte sie nicht, aber immer noch preßte er sie wie in einem Krampf an sich, und sie wagte nicht zu sagen, daß er ihr weh tat, sie glitt mit der Rechten seinen Rücken hinab und stellte dabei die spitzen Nägel auf, er fühlte die fünf Linien auf seiner Haut, als zöge sie sie mit Feuer.
Mit einemmal machte er sich los, sprang auf, raffte seine Kleider zusammen, fragte: „Ist das das Bad?", ging hinein, und als sie ihm nachgehen wollte, hatte er den Riegel umgedreht. Da ging sie in die Küche und manipulierte an sich herum und schimpfte mit sich selbst über ihren Leichtsinn – ihren Routinesatz: „Aber ohne Gummi tu ich's nicht" hatte sie nicht anbringen können –, und als sie die Wohnungstür schlagen hörte, machte sie einen Sprung, einen sinnlosen Sprung, denn er war ja schon fort, aber sie hatte ein großes Gepantsche gemacht, das Wasser stand auf dem Küchenboden, er war glatt, sie rutschte aus und schlug hin. „Verfluch-

ter Scheißdreck", schrie sie und zog sich an der Türklinke hoch. Sie hatte sich den Fuß verstaucht; auf einem Bein hüpfend, erreichte sie das Zimmer und sah ihre Kleider auf dem Teppich liegen.
Sie setzte sich daneben und begann, ihre Strümpfe anzuziehen, wobei sie sich auf den Rücken legte und die Beine in die Luft streckte. Nachdem sie den linken Strumpf hochgerollt hatte, blieb sie eine Weile so liegen und fühlte sich an allen Gliedern zerschlagen. Ach was, dachte sie, zog den Strumpf wieder aus, breitete die Laken über die Couch, stellte die Wohnungsklingel ab, hing das Telefon aus und drehte einmal die Scheibe, um das Tu-tu zum Schweigen zu bringen, legte sich dann hin und schlief. Es war acht Uhr abends; sie versäumte zwei Kunden, den Geschäftsführer einer lokalen Industriellen-Vereinigung aus Köln und den Personalchef der Firma Max & Halbe, Spezialunternehmen für Straßenbau.

Hartog blieb zehn Tage aus. Bevor er das nächstemal kam, rief er an. Sie mußte ihm sagen, sie habe keine Zeit, und schlug ihm den Vormittag des nächsten Tages vor. „Da kann ich nicht", sagte er, und damit war das Gespräch zu Ende. Er rief später noch einmal an, seine Termine hätten sich geändert, er käme gegen zehn Uhr. Diesmal benahm er sich normal. Auf die Vergangenheit spielte er mit keinem Wort an. Er fragte nichts, auch nicht, woher sie die neue Wohnung hatte. Sie sah ihn nie wieder in einer anderen Umgebung als in ihrer Wohnung.
Er blieb jedoch nicht so stumm und versteinert wie das erstemal. Er war im Gegenteil freundlich, ja beinahe heiter. Er war mit sich ins reine gekommen und entschlossen, die Verbindung fortzusetzen. Aber gerade das begriff sie nicht. Weniger denn je hätte sie sagen können, warum er zu ihr kam.
Sie glaubte, das ihre dazutun zu müssen, damit er immer wiederkäme. Sie hätte vom Dornbusch her wissen können, wie er darauf reagierte, wenn sie zutunlich wurde, aber sie konnte nicht anders, die Sentimentalität ging wieder mit ihr durch. Da sagte er ihr klipp und klar, er hasse es, wenn sie zärtlich werde, und verbot ihr, bestimmte Worte in seiner

Gegenwart auszusprechen, weder im Bett noch sonst. Er erzählte ihr, und sah sie dabei lächelnd an, eine Geschichte von irgend jemand, dessen Namen sie nie gehört hatte, einem Dichter, er sei zum Friseur gegangen, um sich rasieren zu lassen, und der Friseur habe gefragt: Wie wünschen der Herr rasiert zu werden?, und da habe der Herr geantwortet: Schweigend.

Sie hielt sich dran. Sie wurde, wie er sie sich wünschte. Da er eine unpersönliche Beziehung im Persönlichsten suchte, war sie eine ideale Partnerin. Zum erstenmal gab sie sich Mühe, einen Mann zu erraten. Er war viel raffinierter als die anderen alle, die zu ihr kamen, raffinierter und waghalsiger im Bösen. Er wußte, was er tat.
Gleichwohl war er blind und sah nur sich; er bezahlte, und das war alles. Je öfter er kam, desto unsicherer wurde sie, ob er wiederkommen würde. Es gab von ihm kein Wort, keine Geste, denen sie hätte entnehmen können, daß er sich an sie gebunden fühlte. Er ließ nicht zu, daß sich Gewohnheiten bildeten, wie sie in solchen Beziehungen sich zu bilden pflegen. Jedesmal hätte das erste- und das letztemal sein können. In ihrer ganzen Praxis hatte sie keine Gelegenheit, einen zweiten Mann gleich ihm zu bedienen, den es Überwindung kostete, seine Selbstachtung hinter sich zu werfen, wenn er sich mit ihr einließ. Wie nennt man doch in der Welt dieser Männer alte Leute, die nicht mehr richtig arbeiten können, mehr kosten als nützen und von Renten leben? Sozial-Gepäck. Könnte man nicht die Bedeutung dieses Wortes auf die Familien überhaupt, auf Stellung und Beruf übertragen? Sind das nicht Lasten? Und dazu sich noch ein Vernunfts-Gepäck vorstellen, weil Vernunft ja auch recht hinderlich sein kann. Ferner ein Gewissens-Gepäck, ein Staatsbürger-Gepäck, ein Geschmacks-Gepäck, ein Furcht-vor-dem-Tode-Gepäck, ein Anstands-Gepäck und so fort? Vielerlei Sorten solchen Gepäcks gibt es, aber Rosemaries Kunden ließen es, bevor sie zu ihr kamen, immer irgendwo stehen, weil sie endlich einmal Mensch sein wollten. So war ihre Vorstellung vom Menschlichen beschaffen!
Rosemaries Bild von diesen reichen und mächtigen Männern, mit denen sie ihr Geschäft machte, war ein gänzlich

anderes als das Bild, das sie öffentlich boten. Es war ihr wahres Bild, und es unterschied sich in nichts von dem, was sie selbst darstellte, und wenn es einen Unterschied gab, so allenfalls den, daß sie den Typus des Menschen ohne Gepäck noch vollkommener verkörperte als ihre Kunden. In ihrem Appartement, in ihrem Bett verwirklichte sich, was sie eigentlich unter Freiheit verstanden: die Freiheit des Chaos, während sie öffentlich als die Hüter einer Scheinordnung auftraten, in der sie Sehnsucht nach der Rosemarie-Freiheit empfanden, denn diese Scheinordnung ihrer mechanisierten Welt verlangte die Anerkennung von Konventionen und Reglements, so starr, so diktatorisch, so unmenschlich, so unnatürlich, daß gerade diejenigen, die sich ihr am willfährigsten unterwarfen, um das äußerste an „Nutzen" herauszuholen, nicht nur geistig verrotteten, sondern sogar körperlich Schaden litten und vorzeitig zugrunde zu gehen drohten. Sie befanden sich in einem unter der Oberfläche sich vollziehenden Prozeß innerer Aushöhlung, der nicht notwendigerweise immer als offene Gesetzlosigkeit und totale Korruption zutage treten mußte, es aber häufig tat. Woran aber hätte Rosemarie bemerken sollen, daß sie eine korrupte Existenz führte, da sie nur ihre eigene kannte und nicht begriff, was der doppelte oder dreifache Boden der Existenzen ihrer Kundschaft moralisch und sozial bedeutete.
Welche Erfahrungen hatte sie, um bemerken zu können, daß Hartog sein Gepäck mitbrachte? Es blieb ihr versagt, zu ermessen, wieviel Überwindung es ihn gekostet haben mußte, sich wieder mit ihr einzulassen, und demzufolge vermochte sie auch lange nicht zu beurteilen, wie stark die Kräfte waren, die ihn zu ihr trieben, und wie sicher sie seiner sein durfte. Sie wußten es beide nicht, wie ernst es ihnen war.
Seine feinere seelische Organisation, seine Menschenkenntnis, seine Weltläufigkeit, sein Geschmack – all das half Hartog gar nichts bei Rosemarie. Oder richtiger gesagt: gegen Rosemarie. Margas Blitzdiagnose: Die ist dir über, bestätigte sich. Von der allerplumpsten Illusion, derzufolge er einmal an eine käufliche Treue bei ihr geglaubt hatte, war er geheilt. Er bezahlte sie fürstlich, aber nicht, um sie zu bewegen, für ihn allein da zu sein, sondern weil sie ihn einmal erpreßt hatte und weil er glaubte, sich vor der Wiederholung eines

solchen Versuches durch Geld sichern zu können. Er hatte eine Illusion gegen eine andere vertauscht. Wovor er sich sichern wollte, waren nicht in erster Linie die Folgen, die eine Verwirklichung irgendwelcher Drohungen unter Umständen für ihn hätte haben können. Was er mehr fürchtete, war, daß ihn sogar ein neuer Erpressungsversuch nicht davon abhalten würde, sie weiter zu besuchen. Er gab sein Geld also dafür aus, einer noch tieferen Erniedrigung vorzubeugen.
Aber dieser Wall von Geld erwies sich zuletzt als ebenso brüchig wie jener, den Rosemarie gegen ihre Existenzangst erbaute.

An ihm arbeitete sie unablässig und festigte ihn sozusagen auf beiden Seiten. Die eine Seite: die Erhaltung und Steigerung ihrer Einnahmen, kostete sie nur noch wenig Mühe. Ihr Geschäft wuchs und wuchs. Ihre Kunden waren ihre besten Propagandisten, weil sie untereinander sich rühmten, mit ihr umzugehen. Der Teil ihres Geschäftes, der sich auf Laufkundschaft stützte, lief von selbst. Aber auch der andere Teil entwickelte sich gut, und sogar Hartog verschaffte ihr doppelte Einnahmen: Er lieferte ahnungslos die Informationen, für die Schmitt bezahlte. Es entbehrt nicht der Ironie, daß Hartog, der Rosemaries sentimentale Anwandlungen verabscheute, erst in ihren letzten Lebenstagen den Beweis dafür bekam, wie unsentimental sie tatsächlich war; zu spät erfuhr er, daß sie ihn aushorchte und an Bruster verkaufte, was daran verkäuflich war.
Zunächst hatte es den Anschein gehabt, als wäre bei ihm nichts zu wollen; Hartog war natürlich alles andere als ein Schwätzer aus Geltungsbedürfnis, und auch das Motiv Vereinsamung galt für ihn nicht. Erst nachdem Rosemarie ganz so geworden war, wie er sie sich wünschte, entstand eine seltsame Art von kalter Intimität zwischen ihnen. Er ließ sich auf Gespräche ein, und er fragte sich bald, weshalb er im Dornbusch nicht bemerkt hatte, daß sie eine helle Intelligenz besaß. Diese Entdeckung war geeignet, ihn ein wenig vor sich selbst zu rehabilitieren, und er legte es hinfort geradezu darauf an, einen Teil der zugemessenen Zeit auch im Gespräch zu verbringen. Zuvor hatte er sich in der Vorstellung gefallen, sich mit einem Wesen eingelassen zu haben,

das er kaum noch zu den Menschen rechnen wollte, und da er eine Neigung zu intellektuellem Sadismus besaß, wie sie bei ausgesprochen intelligenten Menschen nicht selten ist, so hatte er ihr einmal von jenem Soldaten Friedrichs des Großen erzählt, einem Kavalleristen, von dem dem König gemeldet worden war, er treibe es mit seiner Stute.
„Weißt du“, sagte Hartog, „was der König an den Rand des Rapports geschrieben hat?“
„Wie hat er denn das gemacht mit dem Pferd?“
„Der König schrieb“, fuhr Hartog fort, „man versetze das Schwein zur Infanterie.“ Rosemarie begriff nicht, wie widerlich des Königs Randbemerkung war.
Weil „Baby Doll“ in Hartogs Gedanken eine große Rolle spielte, er dieses Projekt keineswegs nur unter kommerziellen Gesichtspunkten sah, sondern auch unter technischen und politischen, so brauchte Rosemarie nicht viel zu tun, um zu den Informationen zu gelangen, die Schmitt teuer bezahlte.

Die „Polizei“ trat ungefähr vierzehn Tage, nachdem Lorenz das Kabel durchgetrennt hatte, wieder in Erscheinung. Es kam nur einer der Agenten. Er fragte, ob sich Schmitt nicht wieder bei ihr habe sehen lassen.
Schmitt hatte diesen Besuch vorausgesehen und sie instruiert, wie sie sich zu verhalten habe. „Laß die Brüder ruhig kommen“, hatte er gesagt, „die können dir gar nichts, und notfalls bin ich auch noch da. Du willst sie doch los sein?“
Das wollte Rosemarie allerdings, das war kein Geschäft, und als der Mann sie jetzt nach Schmitt fragte, sagte sie, er sei nicht mehr bei ihr gewesen.
Darauf zog der Mann einen Zettel aus der Tasche und las ihr vor, an welchen Tagen Schmitt sie besucht hatte. „Warum lügen Sie?“ fragte er.
„Ich kann machen, was ich will, und ich will das nicht.“
„Aber du hast fünfhundert Mark genommen.“
„Phh, die können Sie wiederhaben.“
„Du kommst dir so hoch oben vor, aber wir können dich runterholen und deinen Laden dicht machen.“
Sie antwortete nichts und bekam jenen leeren und zugleich tückischen Ausdruck, den schon viele Männer an ihr gese-

hen hatten. „Sie werden dir drohen“, hatte Schmitt gesagt, „aber mach dir nichts daraus, bellende Hunde beißen nicht.“
Jetzt, der Drohung unmittelbar ausgesetzt, deren Stichhaltigkeit sie nicht beurteilen konnte, hatte sie einen Einfall, eine Eingebung, die sie nicht Schmitt verdankte, sondern ihrer eigenen Schlauheit.
„Herr Bruster hat gesagt, wenn Sie kommen, möchte er Sie sprechen. Er hat gemerkt, was Sie gemacht haben.“
„Was?“ rief der Mann.
„Er hat auch was gemacht in der Küche.“
„Du solltest doch nichts sagen.“
„Ich hab nichts gesagt, er hat es selber gemerkt.“
Der Mann ging in die Küche, Rosemarie folgte ihm, wie man einem Handwerker folgt, von dem man nicht genau weiß, ob er nicht vielleicht etwas mitgehen läßt, und sah zu, wie er sich mühte, die Anrichte von der Wand zu rücken. Er fand das abgeschnittene Kabel. Der „Polizist“ benahm sich wie ein Schauspieler auf der Bühne, dem der Text fehlt. Er machte ein paar sinnlose Bewegungen, rückte die Anrichte wieder an die Wand, ging zum Fenster, schaute hinaus, kam zurück und sagte: „Was hast du gesagt, wer hier dran war?“
„Herr Bruster.“
„Nein“, schrie der Mann, „was hast du ihm gesagt?“
„Sie seien von der Polizei.“
„Er will uns sprechen?“
„Sie möchten anrufen.“
Es war alles erfunden, aus dem Augenblick. Was dachte sie sich dabei? Nichts eigentlich. Sie hatte nur die Überzeugung, daß Bruster mit dieser „Polizei“ am ehesten fertig werden würde.
Zwischen Rosemarie in diesem Apartment, zwischen Rosemarie im Glanz und einer Rosemarie in neuem Elend stand in diesem Augenblick nichts als die Kartei, die ein Fach ihres Schreibtisches beherbergte und die von den Agenten bei ihrem ersten Besuch entdeckt und abgeschrieben worden war.
Zuviel Prominenz. Das Mädchen war für staatliche Spionage nicht mehr zu verwenden, aber er würde sich nicht wehrlos

abservieren lassen.
Der Mann wußte nicht, was er tun sollte.
Als er seinen Vorgesetzten Bericht erstattet hatte, kam es genauso, wie es Schmitt vorausgesehen hatte: Der Geheimdienst traute sich nicht an Rosemarie heran.
Ohne daß Rosemarie etwas davon erfuhr, wurde der Sender auf dem Speicher abgebaut. Das Stück des Kabels, das vom Dachrand in die Wohnung führte, ließen die Leute liegen. Es gab der Kriminalpolizei später Rätsel auf.

Dergestalt konsolidierte sich ihr Geschäft. Dem Gewerbe, das sie ausübte, haftet der Charakter des Institutionellen an. Es ist ein ewiges Gewerbe, nahezu geschichtslos in seinem Kern. Die Prostitution hat eine Geschichte, die Prostituierten haben keine. Die großen Hetären, von denen wir wissen, zeichneten sich durch Geist aus, und nur deshalb wissen wir von ihnen. Sie gesellten sich zu großen Männern, einzelnen. Diese Art Ruhm blieb Rosemarie versagt. Sie vollbrachte etwas anderes, was sie der Erinnerung wert macht: In ihr verdichtete sich eine Epoche, eine vielleicht kurze Epoche, derart, daß sie selbst zu einer Institution wurde, und zwar keineswegs in dem Sinn, wie ihn das ganze Gewerbe besitzt. Sie wurde die Nerzstola bestimmter Männer, und auch diese hat ja heute institutionellen Charakter.
Als nach ihrem Tode die Kontur ihrer Existenz sichtbar wurde und der Nimbus, der sie schon zu Lebzeiten in den höchsten Schichten unserer Gesellschaft umgeben hatte, die Öffentlichkeit in Erstaunen versetzte, konnte man zuweilen auf Herren treffen, die so ehrbare, aber arme Berufe wie die von Oberfinanzräten oder Universitätsprofessoren ausübten und auf Dienstreisen nach Frankfurt versehentlich von Rosemarie im SL angesprochen worden waren. Es war aus diesen Begegnungen nie etwas geworden, und es soll nicht behauptet werden, sie hätten Rosemarie frequentiert, wenn sie es sich hätten leisten können. Nachträglich aber, nachdem Rosemaries Stern so strahlend in den Medien aufgegangen war, fühlten sich diese irrtümlich Angesprochenen wie mit einem Orden dekoriert. Dieses Gefühl, dekoriert zu sein, erfüllte diejenigen, die tatsächlich ihre Kunden waren, bereits zu einer Zeit, als sie sich noch beliebig oft dekorieren lassen

konnten. Sie kamen sich als rechte Teufelskerle vor, und sie hätten nicht alles gehabt, was sie für ihr Geld haben wollten, wenn sie nicht auch von Rosemarie geredet hätten untereinander, augenzwinkernd und angeberisch. Von einer Nerzstola im Schrank hat eine Frau nichts, sie muß ausgeführt werden. Daß die Männer von Rosemarie gar nichts gehabt hätten, wenn sie nicht mit ihr angegeben hätten, wollen wir nicht behaupten, Aber den letzten gesellschaftlichen Pfiff, der aus Rosemarie eine Institution machte, bekam die Sache doch erst, indem man sich ihrer rühmte – natürlich nur innerhalb ihrer ehrengeachteter Kreise.

Undenkbar, daß Bruster etwa zu einem seiner Abteilungsleiter gesagt hätte: Wollen Sie sich mal einen flotten Abend machen, Herr Dritzelberg, ich wüßte was. Aber innerhalb eines Direktoriums, über die 100000-DM-Einkommensgrenze war es schon anders; diese Herren waren legitime Anwärter auf den Rosemarie-Orden, und man geht nicht fehl, hier das Wort Orden sowohl im Sinne von Dekoration wie auch im Sinne eines exklusiven Bundes aufzufassen.

Sicherlich machte sich Rosemarie in ihrem letzten Lebensjahr nur noch deshalb mit ihrem SL auf, um Männer in den Straßen Frankfurts zu keilen, weil sie es amüsanter fand, als ihren Terminkalender nur telefonisch zu füllen. Sie hätte es noch lange, lange treiben können, und ihre Bäume wären hoch in den Wirtschaftswunderhimmel gewachsen, wenn sie ein Schuster gewesen wäre, der bei seinen Leisten blieb. Sie wurde zu vielseitig.

Der Sorge um die Festigung des Geld-Dammes weitgehend enthoben, wurde es für sie zu einem immer größeren Problem, wie sie ihr wachsendes Vermögen anlegen sollte. Sie versteckte Bargeld an den kuriosesten Plätzen in ihrer Wohnung. Sie wechselte die Verstecke häufig. Wenn sie allein war, ging sie mit Geldpäckchen herum und spielte Osterhase. Sie verwünschte die Übersichtlichkeit und Durchsichtigkeit ihrer Einrichtung und schnitt an einer Stelle den Bodenbelag auf, um Hundertmarkscheine darunter zu schieben. Alle Verstecke erschienen ihr unsicher. Was sollte sie tun?

Das Nächstliegende wäre gewesen, den Rat ihrer besten

Kunden einzuholen, und zweifellos hätten sie alle Rosemarie selbstlos beraten.
Es kam ihr aber nicht in den Sinn, sich an sie zu wenden. Sie glaubte, diese Männer gingen darauf aus, sie zu betrügen; nur in jener Form, in der sie sich von Bruster hatte beraten lassen, nahm sie Rat von ihnen an. Nie hätte sie ihnen ihr Geld anvertraut oder ihnen Einblick in den Stand ihres Vermögens gegeben.
Sie war mißtrauisch wie ein Bauer. Alles, was die Welt ihrer Kunden, in die sie zunehmend Einblick gewann, an Einrichtungen, Verfahren und Möglichkeiten bereithielt, Geld nutzbringend und relativ sicher anzulegen, schienen ihr Fallen zu sein, aufgestellt, sie um ihr Geld zu bringen. Dazu gehörten auch die Banken bis zu dem Augenblick, in dem sie erfuhr, daß man dort Gold in Münzen und Barren kaufen konnte. Das war es! Gold war Sicherheit. Sie erschien eines Tages in einem der größten Bankgeschäfte Frankfurts und kaufte Goldmünzen. Sie hielt den Mann am Schalter fast eine Stunde mit Fragen auf, dann wußte sie Bescheid. Ihr Geld würde sich als Gold nicht vermehren, aber es war sicher.
Sie ging mit den Münzen nach Hause, nur um zu bemerken, daß die Schwierigkeiten mit der Aufbewahrung größer geworden waren. Das Gold beanspruchte viel mehr Platz als die Banknoten.
Hier fragte sie nun doch um Rat, und zwar wendete sie sich an Schmitt, der ihr der Zuverlässigste zu sein schien. Von Hartog als Geschäftsmann hielt sie nicht viel, weil er so gleichmütig und wegwerfend vom Geld sprach. Sie sagte Schmitt, jemand habe sie mit Goldstücken bezahlt und was sie damit tun solle. Sie holte ein paar aus dem Küchenschrank, die anderen befanden sich in einer halbleeren Kleenex-Packung im Badezimmer.
„Ist ja komisch“, sagte Schmitt.
Es war nicht nur komisch – dachte sie ein paar Jahre zurück. Es hatte sich in einer Kaserne abgespielt, in die man sie eingeschmuggelt hatte. Dort hatten ihr Soldaten, wenn sie ausgezogen war, Münzen auf der flachen Hand hingestreckt, die sie hatte wegnehmen müssen, ohne die Hände dazu zu benutzen, gelang es, dann gehörten sie ihr.

Und jetzt Gold! In einer Bank gekauft, zwischen Marmor und Messing; in der Mitte der Schalterhalle war ein Aufbau aus Tuffsteinen, über den Wasser aus einem kleinen Springbrunnen in ein flaches, kreisrundes Becken rieselte, darin Goldfische schwammen, vielleicht die Wappentiere des Unternehmens. Was für einen Aufstieg hatte sie genommen!
„Wie soll ich die denn aufheben?"
„Überhaupt nicht, trag sie auf die Bank und verkauf sie. Die liegen dir nur herum und bringen keine Zinsen."
Ihr Instinkt beriet sie anders; sie ging noch manchmal zur Bank und kaufte Gold, zuweilen sogar in kleinen Barren mit Stempel darauf, sie sahen aus wie goldene Lebkuchen.

Eines Tages entdeckte sie im Inseratenteil einer Zeitung, die ein Kunde liegengelassen hatte, die Überschrift: Geldmarkt. Sie vertiefte sich in die Lektüre dieser Seite. Privatgeld laufend gesucht, höchste Verzinsung und Sicherheit, las sie; Beteiligung an äußerst gewinnbringenden Unternehmen der Textilbranche bis zu 50000 möglich; Weltpatent, absolut sichere Sache, wissenschaftlich geprüft – zur Finanzierung werden gegen entsprechende Gewinnbeteiligung 40000 gesucht; erstklassige Kapitalanlagen in der Schweiz, erste Hypotheken, absolute Sicherheit.
Und so weiter.
Sicherheit, Sicherheit, Sicherheit und Gewinn!
Von ihren Besorgungsgängen brachte sie künftig Zeitungen mit. Nach einer Weile fing sie an, auf einige dieser Inserate zu schreiben. Sie schrieb mit der Hand, gab als Absender ein Postamt in der Nähe an, postlagernd unter „Rebekka". Der Name hatte es ihr nun einmal angetan. Die Briefe in ihrer Schulmädchenschrift waren weder orthographisch noch grammatikalisch richtig. Sie bekam keine Antworten. Sie gab es jedoch nicht auf. Sie konnte nicht einsehen, warum sich niemand um ihr Geld bewarb. Sie glaubte, Briefe seien verlorengangen.
Mit ihrer Post stand es auch sonst schlecht. Sie machte nicht die Erfahrungen der Tochter von Alex Roemfeld, welche die schriftlichen Beichten ihrer Kavaliere in Leitz-Ordnern abheften konnte. Die Männer schrieben ihr keine vertrauensseligen Briefe, und es scheint, daß das Klima, in dem Vertrau-

ensseligkeit gedieh, in ihrem Falle nur unmittelbar entstand. Sie mußte anwesend sein, damit die Männer quatschten. Ansichtspostkarten von Geschäftsreisen bekam sie aus aller Herren Länder. Sie hätte gerne einen Platz gehabt, auf dem sie sie mit Reißnägeln fächerförmig hätte anheften können, aber sie wohnte zu modern, dafür war nichts vorgesehen.
Ihre Post bestand so gut wie ausschließlich aus Reklame. Die Wege, auf denen Werbefirmen und Werbeabteilungen von Firmen zu Adressenmaterial gelangen, sind oft geheimnisvoll. Postwurfsendungen, mit denen Hausfrauen Düsenjäger oder Aphrodisiaka angeboten werden, haben zweifellos etwas Phantastisches.

Niemand wäre es in den Sinn gekommen, Rosemarie gesellschaftlich zu boykottieren. Sie wohnte in einer feinen Stadt, in einem feinen Haus, mit feinen Leuten zusammen und betrieb ihr Gewerbe in schöner Offenheit, ohne daß jemand etwas dabei gefunden hätte. Honorable Firmen und Geschäfte rissen sich darum, Rosemarie zu bedienen und zu beliefern. Ihr Geld stank zu ihren Lebzeiten nicht im mindesten, und wie hätte es auch, stammte es doch aus ungemein honorigen Brieftaschen? Das Parfüm, das sich von ihr auf die Hundertmarkscheine übertrug, war von Dior.
Als Konsumentin, kurz gesagt, war sie ein hochgeachtetes Mitglied der Gesellschaft; gnädige Frau vorne, gnädige Frau hinten, und das nicht nur von kleinen Angestellten, die es nicht besser wissen konnten. Ihr Prestige in der Geschäftswelt war besonders hoch, weil sie immer bar bezahlte. Die Barzahlung, in ihrem Gewerbe ein elementares Prinzip, bestimmte ihre Geschäftsmoral auch, wenn sie Geld ausgab. Sie wurde gehätschelt und getätschelt, von der Geschäftswelt nicht weniger als von den Organen der öffentlichen Ordnung. Die ganze Entrüstung kam erst hinterher.

Die solchermaßen verwöhnte Rosemarie konnte nicht begreifen, warum sie auf ihre Inseratenbriefe nichts hörte, und eines Tages bekam sie dann auch eine Antwort. Sie hatte auf eine Anzeige folgenden Wortlauts geschrieben:

Gewiegter Fachmann für Kfz-Reparaturen und Zweithandgeschäfte sucht stillen Teilhaber gegen 50%ige Gewinnbeteil. Erforderl. Kapital 30000,-. Zuschriften erbeten unter MND 16872.

Unter den Geld-Inseraten, die sie besonders angezogen hatten, befanden sich stets auch solche, die mit dem Automarkt in irgendeiner Weise zu tun hatten. Nur in Gestalt des Autos begriff sie, was eine Maschine ist; mit ihm vermochte sie umzugehen, nicht einmal ungeschickt; es verlieh ihr Ansehen, und so hatte sie das Gefühl, hier sei ein Gebiet, auf dem sie sich fast so gut auskannte wie auf ihrem eigenen und eigentlichen. Derartige Anzeigen kamen ihr also entgegen, und die angebotenen 50% taten das ihre.

Die Antwort, die sie bekam, war auf einem Briefbogen mit schlechter Schreibmaschine geschrieben, dessen Firmenkopf ein Drittel der Fläche bedeckte:

Walter Kartberg
Reparaturwerkstatt/Autohandel
Finanzierungsvermittlung

Als Adresse war eine Straße und Hausnummer in Sachsenhausen angegeben, eine bescheidene Gegend von Frankfurt, auf dem linken Mainufer gelegen. Rosemarie fuhr hin. Ein Schild wies auf eine Einfahrt, die rechts von einer fensterlosen Hauswand, links von einer Mauer gebildet wurde. Sie kam in einen Hof, auf dem ein Auto stand. Unter dem Auto, dessen Hinterachse von einem Wagenheber angehoben war, lag ein Mann, von dem sie nur die Beine im Overall sehen konnte.

Rosemarie stellte den Motor ab und schaute sich um. Es war ein kleiner Betrieb, sehr klein, aber er machte ihr keinen schlechten Eindruck. Zwei eiserne Tore, in der oberen Hälfte verglast, standen offen und gaben den Blick in die eigentliche Werkstatt frei, in der es ordentlich aussah. Eine Hebebühne war vorhanden, eine Waschkaue, eine Preßluftanlage und eine Grube, in die eine eiserne Stiege hinabführte.

Der Mann unter dem Auto schien sie nicht gehört zu haben. Sie hupte kurz. Der Mann, der auf einem Stück Pappe lag, rollte sich unter dem Wagen hervor.

„Walter“, rief Rosemarie erstaunt.

Daß jener Garagenwärter aus dem Palasthotel außer Walter auch Kartberg hieß, war ihr seinerzeit unbekannt geblieben, als sie mit ihm schlief. Wie lange war es her?

„Was willst denn du?“ sagte er und erhob sich. Und dann: „Was ist denn das für ein Wagen?“
„Meiner.“
Er glaubte, sie mache einen Witz. Sie zeigte ihm das Wagenpapier. Er pfiff durch die Zähne.
„Arbeitest du allein hier?“ fragte die Märchenprinzessin.
„Ich habe noch einen Gehilfen. Was fehlt denn dem Wägelchen?“
„Nichts, mir fehlt nichts. Aber dir.“
„Kann schon sein, mir fehlt noch allerhand.“
„Zum Beispiel dreißigtausend Mark.“
„Was soll das?“
„Steht doch in der Zeitung.“
„Nun schlägt's aber dreizehn, du hast mir geschrieben?“
„Ja“, sagte sie, „Rebekka.“

Mit diesem Walter Kartberg tat sich Rosemarie geschäftlich zusammen. Sie vertraute ihm dreißigtausend Mark an, die sie der Deutschen Bank nicht anvertraut hätte, und der Vertrag, den sie darüber abschloß, wurde auf demselben Papier mit derselben alten Schreibmaschine geschrieben, die sie aus seinem Antwortbrief kannte. Ohne Rechtsanwalt, ohne Notar, ohne Zeugen, in zwei Ausfertigungen. Er schrieb: ... und übereigne ich hiermit als Sicherheit die Reparaturwerkstatt mit gesamter Einrichtung ...
Er hätte dazuschreiben müssen: einschließlich der darauf liegenden Hypothek von 8000 DM.
Diese dreißigtausend waren nicht ihr ganzes Geld, aber sie waren doch ein ansehnlicher Betrag, zumal für jemand, den der Verlust von hundert Mark um seine Selbstbeherrschung bringen konnte. Kartberg kaufte davon eine vollautomatische Drehbank und brachte ein Drittel als Eigenkapital in einen Vertrag mit einer großen Benzinfirma ein, die ihm dafür eine Tankstelle an den Straßenrand vor der Hofeinfahrt baute. Er mußte einen zweiten Jungen als Tankwart anstellen, obwohl sich das Benzingeschäft in dieser Vorstadtstraße erst einmal bescheiden anließ. Das Reparaturgeschäft wäre besser gegangen, weil er billig sein konnte, wenn die Einfahrt in den Hof nicht so eng und beschwerlich gewesen wäre.
Der Nachbar, dessen Grundstück durch die Mauer abge-

grenzt war, zeigte sich bereit, ihm zwei Meter abzutreten. Wenn er diese zwei Meter in der ganzen Tiefe des Hofes erwarb, gewann er vor der Werkstatt viel Platz, die zur Reparatur anstehenden Wagen brauchten dann nicht auf der Straße zu stehen, und die ganze Anlage bekam ein besseres Gesicht. Der Nachbar verlangte zwölftausend für den Streifen.

Kartberg rief Rosemarie an, drei Wochen, nachdem sie den Vertrag gemacht hatte, und sagte ihr, so und so, und es sei wichtig, und er brauche noch 12000 Mark.

Es wäre vernünftig gewesen, sie ihm zu geben, nachdem sie sich einmal mit ihm eingelassen hatte. Er war kein Betrüger und verstand sich auf seine Arbeit.

Aber ihre Vernunft versagte. Sie weigerte sich, Kartberg noch mehr zu geben. Über Termine für die Amortisation enthielt der dilettantische Vertrag kein Wort, und über die Beteiligung stand nur darin, sie würden sich zur Hälfte den Gewinn teilen. Wie sie es mit einem möglichen Verlust halten sollten, war ebenfalls nicht gesagt.

Kartberg, von der späten Einsicht bewegt, daß die Verbreiterung der Einfahrt unbedingt notwendig sei, suchte Rosemarie in ihrer Wohnung auf, bald nachdem er das Verlangen nach den weiteren 12000 Mark telefonisch gestellt und nachdem sie bei ihm gewesen und es ihm rundheraus abgeschlagen hatte – wobei sie nicht aus dem Wagen gestiegen war. Er fand sie unter den Händen der Masseuse. Er wurde angesichts ihrer Bockigkeit und Verständnislosigkeit für die Situation ausfallend, sie schrien sich an, und von da an betrachtete sie ihn als ihren Feind. Sie warf ihn hinaus, und als er draußen war, verriegelte sie die Tür und legte sich wieder auf die Couch, Frau Gram, die Masseuse, sagte mitfühlend: „Sie haben auch immer Ärger, Fräulein Rosi."

„Mit dem werde ich fertig."

„Hat er schon viel?" fragte die Masseuse. Sie war eine ältere Person, die wie ein Eskimo aussah. In ihren Fingern hatte sie so viel Kraft, daß sie damit wie japanische Zahnärzte hätte Zähne ziehen können. Sie verstand sich auf ihr Handwerk und arbeitete nur in den feinsten Familien.

„Der Rücken ist heute wieder ganz schlecht", sagte sie und fuhr an der Wirbelsäule entlang. Rosemarie bäumte sich auf

und biß die Zähne zusammen.
„Dreißigtausend, aber es ist alles sicher."
„Als Hypothek?"
„Es steht alles im Vertrag."
„Bei welchem Notar waren Sie denn?" fragte Frau Gram.
„Notar?"
Als Frau Gram daraufkam, daß weder ein Notar mitgewirkt hatte, noch eine Sicherung im Grundbuch erfolgt war, sagte sie: „Sie sind aber leichtsinnig, Fräulein Rosi. Sie haben ein zu gutes Herz."
„Der betrügt mich nicht, der nicht. Ich kenn ihn."
„Ja, wenn Sie ihn kennen, aber ich würde doch einen Rechtsanwalt nehmen. Wissen Sie, die Laura, was meine Schwiegertochter war, mit ihrer Scheidung, die hat zweihundert Mark monatlich haben wollen von meinem Sohn, zweihundert, aber da haben wir den Herrn Kochrind genommen als Anwalt, der hat's ihr gezeigt. Siebzig kriegt sie jetzt ..."

Rosemarie suchte Rechtsschutz bei Herrn Kochrind. Dieser Mann hatte eine Kundin vom Rang Rosemaries noch nicht in seiner Praxis gehabt. Er war, kaum hatte sie ihn bei sich empfangen, geneigt vorauszusetzen, alles Recht sei auf ihrer Seite. Ihm fehlte die Fähigkeit, einen Fall juristisch objektiv einzuschätzen. Er war, was man einen Winkeladvokaten nennt.
Bis zu Rosemaries Tod schwelte diese Geschichte, nahm immer groteskere Formen an und brachte Walter Kartberg an den Rand des Ruins.
Die Erfahrung mit ihrem Sachsenhausener Finanzabenteuer bewahrte sie nicht vor ähnlichen. Ihre Industrie-Freunde hatten keine Ahnung davon, was sie als Unternehmerin trieb. Sie stellten nur eine zunehmende Reizbarkeit an ihr fest, und ihre vordem schon bemerkbare Anfälligkeit für schlechte Laune, ihre Neigung, über den kleinsten Anlaß in Schimpfereien auszubrechen, traten immer deutlicher hervor. Schmitt insbesondere mißfiel die Art, in der sie sich neuerdings gab, so sehr, daß er nicht mehr so häufig kam wie zuvor. Vielleicht wäre er ganz weggeblieben, wenn nicht die Hartog-Quelle stetig und ergiebig geflossen wäre. –

zugleich wertvoller sein
Und so zieht Rosemarie doppelten Nutzen.
alles bezahlen, was sie zu bieten hat — das
wie das Nützliche.
Aber sie begeht eine todeswürdige Sünde in
sellschaft. Sie hätte gern weiter schieben,
erpressen dürfen — man hätte schweigend
sie droht mit Enthüllung, mit Bloßstellung.
nur den einen oder anderen schröpfen,
gefährdet das System! Und alle ihre Kunden

Hartog geriet immer mehr in ein Verhältnis zu Rosemarie, über dessen Natur er sich nicht Rechenschaft zu geben wagte. Nach Monaten traf er seine Schwester wieder einmal im Palasthotel. Sie hatten einen ruhigen Vormittag zusammen.
Es gefiel ihr schon lange nicht, daß er so stumm geworden war und ihr auswich. Er sah überanstrengt und verschlossen aus.
„Sorgen in der Firma?"
Nein, die Arbeit sei es nicht, er habe zwar viel zu tun, aber wer habe das nicht, im Gegenteil, es stehe eigentlich alles zum besten, und die Sache bei der DERLAG ...
„... du weißt, ‚Baby Doll', da sind wir kurz vor dem Erfolg. Wenn nicht alles täuscht, werden wir in sechs Wochen, ja, vielleicht noch im April so weit sein, daß wir Startversuche machen können. Es wird ein ungeheures Aufsehen geben, wir haben da einen Treibstoff entwickelt, durch den wir mit einem Schlag aufholen werden, was wir in fünfzehn Jahren verloren haben. Ich wage gar nicht daran zu denken, daß ..."
„Was ist es dann?"
„Was meinst du?"
Nun wurde sie ärgerlich. „Das sieht doch ein blindes Pferd, daß du unglücklich bist. Klappt es bei euch nicht? Du weißt, ich traf Adelheid neulich in Lech, sie sagte auch, sie machte sich Sorgen, aber sie schob es auf die Arbeit, und ich hatte den Eindruck, zwischen euch sei alles in Ordnung."
Er blickte auf.
„Also nein?"
„Ach, in Ordnung ...! Ob es zwischen zwei Menschen in Ordnung ist, das ist doch nur eine Frage, ob diese Menschen in Ordnung sind."
„Das allein doch wohl nicht."
„Doch, wenn sie sich mögen."
„Mögen ...? Du liebst sie doch?"
„Wen?"
„Gibt es außer Adelheid noch jemand, den du lieben könntest?"
„Ich meinte Adelheid."
Sie sagte nichts. Sie wartete.

„Es ist diese Person, weißt du …“
Er hatte ihr einmal gesagt, es sei aus mit dem Mädchen, das sie in Wiesbaden gesehen hatte. Aber nun wußte sie sofort, von wem er sprach. „Wie heißt sie doch?“
„Rosemarie.“
„Ja, die. Du siehst sie noch! Ich dachte …“
„Ich hatte Schluß gemacht. Eigentlich gleich, nachdem ich sie kennengelernt hatte.“
„Das hast du mir gesagt.“
„Aber dann sah ich sie wieder.“
„Du siehst sie häufig?“
„Sooft es geht.“
„In Frankfurt?“
Er nickte.
„Sie wohnt doch irgendwo da draußen …“
„Sie wohnt jetzt in der Stadt. Sehr elegant. Sie ist sehr bekannt …“
„Aber es ist nicht bekannt, daß du …?“
Er zuckte die Achseln.
„Glaubst du, sie redet herum?“
„Das glaube ich nicht. Dazu ist sie zu intelligent. Sie ist es, das weiß ich erst jetzt.“
„Das lockt dich?“
„Nicht primär.“
Sie schwiegen eine Weile. Sie zündete sich eine Zigarette an.
„Schön ist das nicht“, sagte sie, „aber eine Moralpauke wirst du von mir nicht erwarten. Mit Adelheid, das ist deine Sache, wenn ich sie wäre, mir wäre diese Rosemarie noch lieber als Alice. Du weißt ja, ich halte nichts von euch, ihr seid ein komisches Volk, ihr Männer, aber weil ihr nun einmal so komisch seid, zöge ich, wie gesagt, eine Rosemarie noch vor. Die ist doch wenigstens keine Konkurrenz. Ich sehe nicht, was dich nun eigentlich so herumtreibt. Macht sie dir Schwierigkeiten, erpreßt sie dich?“
„Das hat sie einmal getan, da bekam sie, was sie wollte, und dann ging ich weg. Seither hat sie es nicht wieder versucht, und sie hat auch keinen Grund dazu.“
„Kann ich mir denken.“
„Das ist es nicht.“

„Laß dir nicht jedes Wort abzwingen."
„Konkurrenz? Keine Konkurrenz? Natürlich nicht, in gewisser Hinsicht. Dieser Punkt ist nicht der Punkt, in dem sie Adelheid in die Quere kommt ..."
„Na hör mal, ihr werdet ja nicht miteinander Schach spielen."
„Man sollte nicht über diese Dinge reden."
„Vielleicht doch. Ich habe mit dem Baron auch nie geredet, aber das hatte auch keinen Zweck. Mit mir kannst du's, und ich kann's mit dir. Du könntest ein richtiges Männergespräch mit mir haben."
„Wie lebst du eigentlich?"
„Danke der Nachfrage, ich nehme mir, was ich brauche, und bezahle dafür Tagespreise."
„Wie?"
„Nicht Geld, du Trottel, Freiheit ist teuer, man ist allein, aber ich bin nun mal für diese Freiheit. Was ich bei euch so sehe, das ermuntert mich nicht, mein Heil in der großen Liebe zu suchen."
„Ich bin der Fuchs in der Falle ..., das ist die schlichte Wahrheit."
„Das kann nicht dein Ernst sein."
„Doch, ich bin in der Falle, so was soll es doch geben ..."
„O gewiß, man liest davon ... Was könnte ich tun, daß du da wieder herauskommst?"
„Du? Gar nichts. Und ich will ja gar nicht heraus, das ist doch die Sache."

Die Türschnarre schlug an, es war der darauffolgende Tag, vierundzwanzig Stunden hatte sich Marga überlegt, was sie tun sollte.
Bruster war bei Rosemarie, aber seine Zeit war um, er zog sich eben im Bad an. „Mach mal ein bißchen schnell, Dikker", sagte Rosemarie.
Da surrte es wieder, nachhaltig, zweimal. Sie ging in den Flur und meldete sich.
„Hartog", sagte eine Stimme im Lautsprecher. Die Stimme kam ihr fremd vor, aber es gab nur einen Hartog.
„Du? Warum hast du nicht angerufen?"
Es kam keine Antwort.

Da drückte sie auf und lief zurück ins Zimmer. Eben kam Bruster fertig angezogen aus dem Bad. „Los, geh in die Küche, wenn du nichts mehr hörst, dann verschwinde, aber leise."
Sie schloß hinter ihm die Küchentür. Da stand er, der großmächtige Alfons Bruster, und wartete, bis der nächste Herr sich eingefunden hatte.
Rosemarie klinkte die Tür auf und ging rasch wieder in die Wohnung, um Ordnung zu machen. Ein voller Aschenbecher, ein leeres Glas – sie versteckte beides rasch im Kleiderschrank. Sie hörte einen Schritt im Flur. „Komm rein."
In der Tür stand Marga.
Rosemarie fuhr herum. Einen Augenblick stand sie wie erstarrt. Dann ging sie an Marga vorbei und machte die Tür hinter ihr zu. Sie hatte sie sofort erkannt.
Laß mich nichts falsch machen, hatte Marga sich vorgesagt, als sie der Lift nach oben getragen hatte, lieber Gott, laß mich nichts falsch machen! Aber was war nun falsch, was richtig? Vielleicht war es schon grundfalsch, daß sie hier stand? Sie hatte es sich so lange überlegt, und zum Schluß war sie zu der Überzeugung gekommen, sie müsse es tun, aber nun, wie sie in diesem Zimmer stand, dachte sie: Vielleicht hätte ich es doch nicht tun sollen.
Sie hob den Blick und sagte: „Ich bin die Schwester von Konrad Hartog."
„Was wollen Sie?" fragte Rosemarie und hatte ihr leeres und tückisches Gesicht.
„Ich will mit Ihnen sprechen."
Bot sie ihr keinen Stuhl an? Eine Tür klappte.
„Sind wir allein?"
„Sehen Sie noch jemand?"
Es war so heiß im Raum, sie knöpfte ihren Pelzmatel auf und setzte sich unaufgefordert.
„Setzen Sie sich doch auch", sagte Marga. Sie ließ den Mantel über die Schultern gleiten, er fiel hinter ihr auf die Lehne des Stuhles. Sie zog ihn unter sich weg und warf ihn neben sich auf den Boden. Diese Geste reizte Rosemarie. So ging man nicht um mit so einem kostbaren Stück.
„Mein Bruder hat mir von Ihnen erzählt."
„So. Weiß er, daß Sie hier sind?"

Diese Frage hatte Marga befürchtet. Was sollte sie sagen? „Er hat mich nicht gebeten, zu Ihnen zu kommen“, antwortete sie unbestimmt.
„Er weiß es also nicht?“ sagte Rosemarie.
„Nein, und er braucht es auch nicht zu erfahren, wenn Sie es ihm nicht sagen. Ich weiß nicht, ob Sie einen Bruder haben ...“
Diese Person auf familiäre Bande anzusprechen, idiotischer konnte man es nicht anfangen.
„Meinem Bruder geht es nicht gut. Er macht einen abgespannten Eindruck. Es wäre besser, er würde nicht mehr zu Ihnen kommen.“
„Er kommt gern.“
„Ich möchte Sie fragen, unter welchen Bedingungen Sie bereit wären, meinen Bruder nicht mehr zu sehen?“
„Wollen Sie es ihm verbieten?“
„Das ist meine Sache. Ich bin hier, damit wir uns zunächst einmal einigen.“
„Worüber? Daß er nicht mehr kommt?“
„Daß Sie nichts unternehmen, wenn er nicht mehr kommt.“
Rosemarie schwieg.
„Sie wollen mich nicht verstehen.“
„Ich versteh Sie sehr gut, ich versteh bloß nicht, was Sie für ein Interesse daran haben. Sie sind doch nicht seine Frau? Oder schickt Sie die?“
Jetzt hätte Marga sagen müssen: Ja. Damit hätte sie Rosemarie zu verstehen gegeben, daß Adelheid Bescheid wußte und daß sie sich nichts mehr von einer Erpressung in dieser Richtung zu versprechen hatte.
Aber Marga schüttelte den Kopf.
„Er hat Sie auch nicht geschickt. Warum kommen Sie?“
„Meine eigenen Gründe können Ihnen völlig gleichgültig sein. Ich habe Sie gefragt, unter welchen Bedingungen Sie damit einverstanden wären, daß mein Bruder künftig nicht mehr kommt, und das sollten Sie mir nun beantworten, damit wir zu einem Ende kommen.“
„Gehen Sie, je eher, desto lieber. Wenn Ihr Bruder abhauen will, soll er's mir direkt sagen, er hat es ja schon einmal getan.“

„Wieviel wollen Sie?“

In jedem anderen Fall wäre die Frage richtig gewesen. Aber in bezug auf Hartog war sie so falsch, wie sie nur sein konnte. Ihn wollte sich Rosemarie nicht abkaufen lassen, sie wollte ihn nicht verlieren, ganz und gar nicht. Insgeheim überlegte sie schon, wie sie sich seiner so bemächtigen konnte, daß er sie heiratete.

Er ahnte es, und wenn er es auch Marga gegenüber nicht ausgesprochen hatte, so hatte sie doch begriffen, was er eigentlich fürchtete, und ebendies hatte sie zuletzt bewogen, den Schritt zu tun und mit Rosemarie zu reden.

Die Frage, wieviel Geld er ihr wert sei, gestellt von dieser Frau, die ihr beim ersten Anblick im Gartenrestaurant unangenehm gewesen war, als sie, die Reitgerte in der Hand, Hartog entgegengekommen war – diese Frage bewirkte, daß Rosemarie einen jener jähen Wutanfälle bekam, in die sie sich aus viel geringeren Ursachen hineinsteigern konnte.

Sie sprang auf und war in der Verfassung, in der sie selbst abgebrühte Männer zu erschrecken vermochte.

„Das kann ich Ihnen genau sagen“, schrie sie, „aber vorher sagen Sie mir, was Ihnen das wert ist ...“

Sie ging zum Schrank, riß ihn auf und schob mit einer Handbewegung die Kleider beiseite. Sie zerrte den „Star Reporter“ heraus.

„Was machen Sie denn?“ rief Marga.

„Das werden Sie gleich hören“, brüllte Rosemarie.

Sie klappte mit zitternden Händen den Deckel des Gerätes auf, schloß es an eine Steckdose an, kniete nieder und ließ das aufgelegte Band im Schnellgang durchlaufen. Dann schaltete sie um und erhob sich. Es war nichts zu hören, die Röhren waren noch nicht warm. Nach Sekunden fing der Apparat an zu arbeiten. Eine Stimme, eine noch ferne Stimme ..., und jetzt kam der volle Ton.

Rosemarie hörte nichts Neues. Marga brauchte eine Weile, bis sie die Stimme ihres Bruders erkannte; bis sie begriff, wessen sie hier zum Ohrenzeugen gemacht wurde.

„Du elendes, dreckiges Miststück“, schrie Marga Baronin von Rahn, geborene Hartog, Herrin auf dem 30000-Morgen-Gut Gersau.

Das Gerät stand auf dem Teppich. Marga sprang von ihrem

Stuhl auf und trat mit voller Kraft auf das Gerät, einmal, noch einmal und noch einmal. Sie trug Pelzstiefel. Die Spulen zerbrachen, die Deckplatte aus weißem Kunststoff zersplitterte unter ihrem Fuß. Der Apparat schwieg.
Rosemarie schrie auf und stürzte sich auf Marga, die aber war die stärkere von beiden. Sie stieß das Mädchen zurück, das weiterschrie, als wollte ihm jemand an die Kehle, und sie mit einem Sturzbach von Beschimpfungen überschüttete.
Marga riß rasch ihren Mantel vom Boden hoch und stürzte hinaus. Zitternd und verstört lehnte sie an der Wand des Lifts, der sie hinabtrug, und als er hielt, verließ sie ihn nicht, bis sie jemand kommen hörte. Da zog sie ihren Mantel an und ging aus dem Haus.
Im Zimmer saß Rosemarie vor den Trümmern des Apparates. Den wird mir Konrad neu kaufen, dachte sie. Alles, was Marga erreicht hatte, war, daß Rosemarie sich ihrer Macht über Hartog jetzt noch bewußter geworden war als zuvor. Von diesem Tag an hörte sie nicht mehr auf, ihm mit der Heirat in den Ohren zu liegen, bald schmeichlerisch, bald drohend. Marga erfuhr es.

Sie trieb es danach noch ungefähr ein halbes Jahr vor vieler Augen, aber niemand übersah vor ihrem Tod ihr Leben ganz. Sie raffte das Geld zusammen, sie verlor Geld und wurde immer unruhiger und immer gewalttätiger. Eines Tages sagte Marga ihrem Bruder, sie sei bei Rosemarie gewesen. Von dem Tonband berichtete sie ihm auch in der Hoffnung, damit werde er die Hure aus seinem Leben streichen. Aber sie täuschte sich und sah mit Entsetzen, daß er tatsächlich Anstalten zur Scheidung traf.

Damit kam der Stein ins Rollen, der über dem Abgrund hing; er rollte schneller und schneller, und schließlich traf er Rosemarie und erschlug sie.

# Nachwort

Der Rückblick auf die fünfziger Jahre wie überhaupt das an sich erfreuliche Interesse an bundesdeutscher Geschichte sind – wie leicht festzustellen – nicht selten zu nostalgischer Verklärung heruntergekommen. Nierentische und Tütenlampen, Bürstenhaarschnitt und Schuhe mit Kreppsohlen, Elvis und Coca Cola, Freß- und Motorisierungswelle sowie zahllose andere Requisiten, Tendenzen und Symbolfiguren aus der „pubertären" Frühzeit unserer Republik werden oft nur selektiv und zusammenhanglos präsentiert, als Bilder einer angeblich heilen, irgendwie unkomplizierten, in Aufbruchstimmung befindlichen Welt. Sogar auf Politiker wie Adenauer, Erhard und Strauß fällt da noch ein jugendfrischer Abglanz. Die harten facts dieser bei näherem Hinsehen freilich gar nicht so rosigen fünfziger Jahre kommen dagegen meist zu kurz.

So ist etwa daran zu erinnern, mit welcher Kaltschnäuzigkeit die Gunst der Stunde genutzt und politische Grundsatzentscheidungen wie die Westintegration oder die Remilitarisierung durchgepeitscht wurden. Daß dabei zumeist eine „Mauer des Widerstands" (Adenauer), gelegentlich sogar in den eigenen Reihen, zu überwinden war, wurde in Kauf genommen. Der autoritäre Stil des Kanzlers, seine Politik der vollendeten Tatsachen und die Rhetorikformeln des kalten Krieges sorgten dafür, daß sich eine demokratische politische Kultur allenfalls in Ansätzen entwickeln konnte. Jegliche Form der Kritik oder der Opposition hatte es schwer in diesen Jahren: Drohte sie gefährlich zu werden, wurde sie kurzerhand als moskaufreundlich denunziert und war damit so gut wie erledigt.

Als Höhepunkt dieser konservativ beherrschten Ära gilt gemeinhin das Jahr 1957: Bei den Bundestagswahlen im September errang Adenauer mit seiner Partei die absolute Mehrheit. Pünktlich zur Buchmesse kam mit Erhards Buch

„Wohlstand für alle" das alleinseligmachende Wirtschaftswunderevangelium auf den Markt. Und: Man schickte sich an, die gerade erst – gegen den massiven Widerstand – aufgestellte Bundeswehr mit den „modernsten" Waffen, sprich: mit Atomwaffen, auszurüsten, was zu mehrmonatigen inner- und außerparlamentarischen Debatten und Auseinandersetzungen führte.
Bonn erhielt diese unverhoffte Chance eines auch weltpolitischen comebacks, da sich in den USA seit der Mitte der fünfziger Jahre ein militärpolitisches Umdenken vollzog: und zwar wurde dort ein Patt mit der SU diagnostiziert, das früher oder später eintreten werde. Im Gegenzug entwickelte man die Konzeption eines begrenzten Atomkriegs in Europa. Rein konventionelle Armeen, wie Adenauer sie gerade per „Wehrergänzung" und Wehrpflicht durchgeboxt hatte, erschienen da recht sinnlos. Die USA gingen deshalb in dieser Situation dazu über, ihren Verbündeten, darunter auch der BRD, die am 8. 5. 1955 – also exakt zehn Jahre nach der sogenannten Stunde Null – NATO-Mitglied geworden war, „miniaturisierte" Atomwaffen, sogenannte atomare Gefechtsfeldwaffen anzubieten.
Aus Bonner Perspektive hörte sich das Ganze freilich recht harmlos an: Besonders erfinderisch, was euphemistische Wortschöpfungen betrifft, sprach man von einer notwendig gewordenen „Umrüstung" der Bundeswehr. Als Adenauer die neuen Waffen in bekannter Manier als „Weiterentwicklung der Artillerie" verharmloste, erhob sich ein Entrüstungssturm. Mit dem Göttinger Manifest, verschiedenen Großdemonstrationen, Marathondebatten und der Gründung von Anti-Atomkrieg-Komitees (wie „Kampf dem Atomtod") formierte sich der Widerstand. Auch international geriet einiges in Bewegung, so vor allem durch den Vorschlag des polnischen Außenministers Rapacki, in Mitteleuropa atomwaffenfreie Zonen einzurichten. Doch wenig später sollte sich wieder einmal zeigen, wie schwach diese Protestbewegung trotz allem war: Im März 1958 faßte der Bundestag mehrheitlich den Beschluß, die Bundeswehr mit Atomsprengköpfen auszurüsten.
Soviel – in Umrissen – zur Situation und Stimmung im bundesdeutschen Wirtschaftswunder- und prospektiven

Atomland im Jahre 1957. Kurz vor dem Höhepunkt der „Atomdebatte", wenige Wochen nach Adenauers triumphalem Wahlsieg kam es in Frankfurt zu einem mysteriösen Mordfall: Die auch außerhalb Frankfurts nicht unbekannte Prostituierte Rosemarie Nitribitt wurde in ihrem Luxusappartement tot aufgefunden. Politisch brisant war dieser Fall vor allem schon deshalb, weil zu ihren Kunden „höher gestellte Herren", also Industrielle, Geschäftsleute und wohl auch Politiker und Diplomaten gehörten. Auch von Spionage wurde öffentlich gemunkelt. Es versteht sich von selbst, daß eine solche Affäre ein gefundenes Fressen für die lokale und nationale Presse war. Tatsächlich behauptete sich die Berichterstattung über diesen Mordfall, seine Begleitumstände und potentiellen Motive, viele Monate in den Schlagzeilen, bis es im Sommer 1960 zu einem nicht minder spektakulären Prozeß kam. Auffällig ist nur, daß die politischen und gesellschaftlichen Bezüge dieser Affäre nicht in dem Maße herausgestellt wurde, wie man dies zu Anfang erwarten konnte. Die große Ausnahme ist hier vor allem Erich Kuby, der in Zeitungsglossen, einem erfolgreichen Film und schließlich im vorliegenden Buch gerade diese Dimension herauszuarbeiten versuchte.

Offensichtlich sah Kuby sofort die Chance, seine in Büchern wie „Das ist des Deutschen Vaterland" und andernorts schonungslos vorgetragene Sozialkritik anhand eines die gesamte Öffentlichkeit bewegenden Skandalfalls zu erhärten. Die Frage, die er sich gezielt vorlegt, ist denn auch: Was hat Rosemarie Nitribitt in den Augen ihrer arrivierten Kunden so ungemein attraktiv gemacht? Wer hat ihre beispiellose Karriere gefördert und warum? Gleichzeitig nutzte Kuby, ausgehend von den vermuteten Geheimdienstkontakten und Abhöraktionen, die Gelegenheit, auf die ökonomischen Hintergründe der aktuellen Atomdebatte einzugehen. Kein geringes Unternehmen und nahezu einzigartig in der Literatur der fünfziger Jahre. Kuby wählt dabei weder die Romanform noch die des dokumentarischen Berichts, sondern eine Art Mischform: Ausgangspunkt ist der authentische Fall mitsamt einiger (weniger) Fakten, wie sie im Frühjahr 1958 zur Vergügung standen; die Ausgestaltung beruht aber auf fiktiven Elementen, die das Ganze verlebendigen, möglichst plastisch vor Augen stellen sollen. Zu allererst stellt dieses Buch also den Versuch dar, die gesellschaftliche Symptomatik des Falles R. N. zu analysieren. Die Handlung des Buches verläuft in zwei Hauptlinien: Zunächst nimmt sich der Autor die Gruppe der „Kunden" vor, also jene Geschäftsleute und Industriebosse, die hinter dem erstaunlichen Aufstieg der R. N. stehen. Ihre „Entdecker" sind bei Kuby Mitglieder eines „Isoliermattenkartells", einer Vereinigung von Industriellen, die sich unter dieser sinnigen Tarnbezeichnung regelmäßig in Frankfurt treffen, um – unter dem heimlichen Patronat der Regierung – die Raketenproduktion und atomare Aufrüstung der Zukunft vorzubereiten. Viel Raum wird darauf verwendet, die höchst unterschiedlichen Positionen und Motivationen der einzelnen Teilnehmer zu schildern. Es ist keineswegs so, daß alle hundertprozentig von den Plänen der Regierung überzeugt wären oder auch nur vorbehaltlos miteinander kooperieren wollten. Gegenseitige Konkurrenz, Osthandelsinteressen, grundsätzliche politische Vorsicht, vor allem auch ein erstaunliches Maß an Skepsis gegenüber der Bonner Regierung, die sich – vertreten durch den cleveren Ministerialdirektor Hoff – ihrerseits nicht in die Karten gukken läßt – alle diese Momente kommen ins Spiel. Tatsächlich hat denn auch am Ende nur einer aus der illustren Runde – Hartog –, dank taktischem Geschick und der besseren produktionstechnischen Basis, die Nase vorn im Auftragsvergabekampf. Die anderen begnügen sich mit der Rolle als Zulieferer und Berater. Das gegenseitige Mißtrauen freilich bleibt – und hier liegt denn auch der Grund einiger Bespitzelungsversuche und Abhöraktionen, in die später auch R. N. involviert ist.

Die zweite Hauptlinie verfolgt den Aufstieg der R. N. vom anonymen, schäbigen Hurendasein zur prominenten Edelprostituierten mit Luxusappartement und schwarzem „SL". Diese Karriere vollzieht sich in Etappen. Sie beginnt damit, daß sie den distinguierten Hartog kennenlernt, der von R. N.s Mischung aus sexueller Perfektion und emotionsloser Sachlichkeit fasziniert ist; zum Abschluß ihrer kurzen, aber heftigen Affäre verfügt sie bereits über ein neues Appartement und das Geld zu ihrem ersten SL. Die weiteren Etappen bestehen im systematischen Ausbau ihres immer rationeller und expansiver gehandhabten Dienstleistungsbetriebs. Dabei versteht es R. N. meisterhaft, sich ihrem Kundenkreis in Wohnungseinrichtung, Kleidung, Eß- und Trinkgewohnheiten und anderen Statussymbolen anzupassen und, nach der Devise „Geld kommt von Geld“, ihren eigenen Preis in die Höhe zu treiben. Die ökonomisch potenten Kunden, die sie regelmäßig frequentieren und weiterempfehlen, haben schließlich das Gefühl, „mit dem Wirtschaftswunder selbst“ zu schlafen, wie es an einer Stelle heißt. Allerdings verliert R. N. zum Schluß die Kontrolle über ihr prosperierendes Unternehmen: Sie ist bereit, ihre Gespräche mit bestimmten Kunden, vor allem mit ausländischen Gästen, abhören zu lassen, was schließlich zu Komplikationen führt, zumal sich auch der BND einschaltet. Der Schluß bleibt bei Kuby offen. Der Autor begnügt sich damit, deutlich zu machen, wer alles ein Interesse an der Beseitigung R. N.s gehabt haben dürfte. Doch es kommt hier ohnehin nicht darauf an, den Mörder dingfest zu machen. Die eingangs gestellte Frage nach der Attraktivität der R. N., nach der sozialpsychologischen Symptomatik dieses Mordfalls war es, die der Autor beantworten wollte. Eine solche Antwort gibt das Buch in der Tat, und zwar sowohl diskursiv wic handlungsmäßig. Formelhaft könnte man diese Antwort vielleicht als „Symmetrie“ von Kapitalismus und Prostitution, von gesellschaftlich sanktioniertem und moralisch disqualifiziertem Geschäftsgebaren beschreiben. Es ist schon erstaunlich, wie sich – über die beträchtlichen sozialen Unterschiede hinweg – die Repräsentanten und Hauptprofiteure des Wirtschaftswunders mit R. N. verständigen können, da sie in ihr die gleiche Geldgier und „sachliche“ Profitorientierung sehen wie bei sich selber. Dabei ist der Gesichtswinkel dieses Buches von besonderer Ironie oder wenn man will: Pikanterie; die positiv besetzte Erfolgsmoral der Wirtschaftswunderjahre spiegelt sich ausgerechnet in der „Unmoral“ des anrüchigen Prostituiertenmilieus. Die souverän regierenden Industriebosse werden einmal von einer ganz anderen, weniger „strammen“ („allzumenschlichen“) Seite dargestellt, und siehe da: Es fällt ein bezeichnendes Schlaglicht auf ihre tagtägliche Geschäftspraxis.

Es ist wohl nicht weiter verwunderlich, daß der erst im Sommer 1960 stattfindende Prozeß gegen den mutmaßlichen Mörder der Rosemarie Nitribitt ganz anders ausging. Die Verbindungen zu den mysteriösen „hochgestellten Persönlichkeiten“ verloren sich weitgehend, wobei allerdings auch gewisse Schweigegelder eine Rolle gespielt haben mögen: R. N. wurde im Prozeßverlauf sozusagen wieder auf ein durchschnittliches Hurenmaß zurechtgestutzt. Erleichtert konnte man feststellen, daß es wohl doch keine dunkle, „sündige“, moralisch verkommene Seite des allseits geschätzten Erfolgskapitalismus gab. R. N., so ein Zeitungskommentar, sei eben doch nicht die „moderne Nana“ gewesen, die den Verfall eines bereits angefaulten BRD-Empires ankündigte. Angeklagt in diesem Prozeß war übrigens ein mittlerer Betrüger und Freund der R. N., der sich in chronischen Geldschwierigkeiten befand und für die Tatzeit keinerlei Alibi nachweisen konnte. Er wurde – unter dem Beifall des Publikums – freigesprochen. Den Mörder hat man meines Wissens auch später nicht ausfindig gemacht. Der Fall ist also bis heute nicht geklärt.

Jürgen Pelzer

Otto Emersleben

# Papiersterne

2. Auflage · 272 Seiten · Pappband mit Schutzumschlag 7,80 M

Was gibt es zu entdecken im Abenteuer Alltag, das für den Kundendienstmitarbeiter Edmund Horn durch den ungewöhnlichen Auftrag seines Generaldirektors, sich zu erinnern, erneut herausgefordert wird. Wie aber erinnert man sich ... eines Freundes ... und Wegbegleiters auf vielen Reisen ..., wenn es nur um die eine Reise geht – Paris, Mai 1968, von der Ernst Lenner nicht mehr zurückkehrte? Sicher brauchte man an einen solchen Kollegen auch nicht mehr zu denken, wenn er sich nicht plötzlich selbst in Erinnerung bringen würde ... als Directeur Lenner, Frankreich. Diese Konstellation zwingt Horn, das bisher unterdrückte Nachdenken über Gründe und Hintergründe dieser Flucht wieder aufzunehmen ..., und immer wieder verweist ihn die Frage „Wer war/ist Ernst Lenner?“ auf für ihn noch wichtigere: Wer bin ich selbst? ... Ist denn ein Leben auslotbar mit einem beurteilenden Bericht? ...

Neue Deutsche Literatur, Berlin

Lia Pirskawetz

# Der Stille Grund

Roman

2. Auflage · 432 Seiten · Ganzleinen 9,70 M

„Im schönsten Wiesengrunde steht meiner Heimat Haus ..." Sie kann es mit Fug und Recht singen, die junge Carola Witt. Facharbeiterin, Fernstudentin, künftige Bürgermeisterin im kleinen Ort Lachsbach in der Sächsischen Schweiz. Rund um ihrer Heimat Haus ranken sich Berge, rauschen Bäche, zeigt Natur ihre Schönheit. Wie ein kalter Sturzbach also kommt auf Carola die Frage zu: „Soll sie dafür oder dagegen stimmen, daß der romantische Stille Grund durch den Bau einer Werkhalle in Aufruhr gerät? Kann man Landschaft schützen und nutzen?"

BZ am Abend, Berlin

Die dreiundzwanzigjährige Carola forscht beharrlich nach der besten Lösung für die Zukunft ihrer Stadt. Sie steigt auf Felsen hinauf und in Keller hinab, ja, sie reist sogar in die Vergangenheit, um auf dem Boden heutiger Tatsachen anzukommen ... Eine Entscheidung fällt ihr auch deshalb schwer, weil sie das malerische Tal liebt wie den Mann, der es zubauen möchte.

Neues Deutschland, Berlin

Verlag Neues Leben Berlin